DESCRIPTION COMPLÈTE

DE LA

VILLE DE SAINT-DENIS.

TABLE DES GRAVURES.

Ancien et nouveau plan de Saint-Denis, en tête de l'ouvrage.
Le portail de l'église   8
Cinq gravures du trésor. . . . . 90 à 103
Tombeau de Dagobert 152
Tombeau de François Ier 156
Tombeau de Louis XIII. 157
Tombeau de Henri II. 159

DESCRIPTION COMPLÈTE

DE LA

VILLE DE SAINT-DENIS,

DEPUIS SON ORIGINE JUSQU'A NOS JOURS ;

De son ancienne Abbaye, de l'Ile Saint-Denis, et la Biographie de tous les hommes célèbres morts ou vivants qui les ont illustrées ;

ORNÉE

De l'ancien et du nouveau plan de cette ville, des gravures représentant le portail de l'église, les objets précieux qui faisaient la richesse du trésor de Saint-Denis, et les tombeaux des principaux rois de France,

Par L.-V. Flamand-Grétry,

MEMBRE DE LA SOCIÉTÉ DE STATISTIQUE UNIVERSELLE, DE LA PREMIÈRE CLASSE
DE L'INSTITUT HISTORIQUE, DE L'ACADÉMIE DE L'INDUSTRIE AGRICOLE,
DE L'ACADÉMIE ÉBROICIENNE, ETC., ETC.

PARIS,
ARTHUS BERTRAND, LIBRAIRE-ÉDITEUR,
LIBRAIRE DE LA SOCIÉTÉ DE GÉOGRAPHIE,
23, RUE HAUTEFEUILLE,
ET DELAUNAY, LIBRAIRE, AU PALAIS-ROYAL;

A SAINT-DENIS,
CHEZ CHICHEREAU, LIBRAIRE, RUE DE LA BOULANGERIE, 51,
ET CHEZ L'AUTEUR,
M. FLAMAND-GRÉTRY, A VITRY-SUR-SEINE.

1840.

IMPRIMERIE DE LIREUX PÈRE, RUE SAINTE-ANNE, 55.

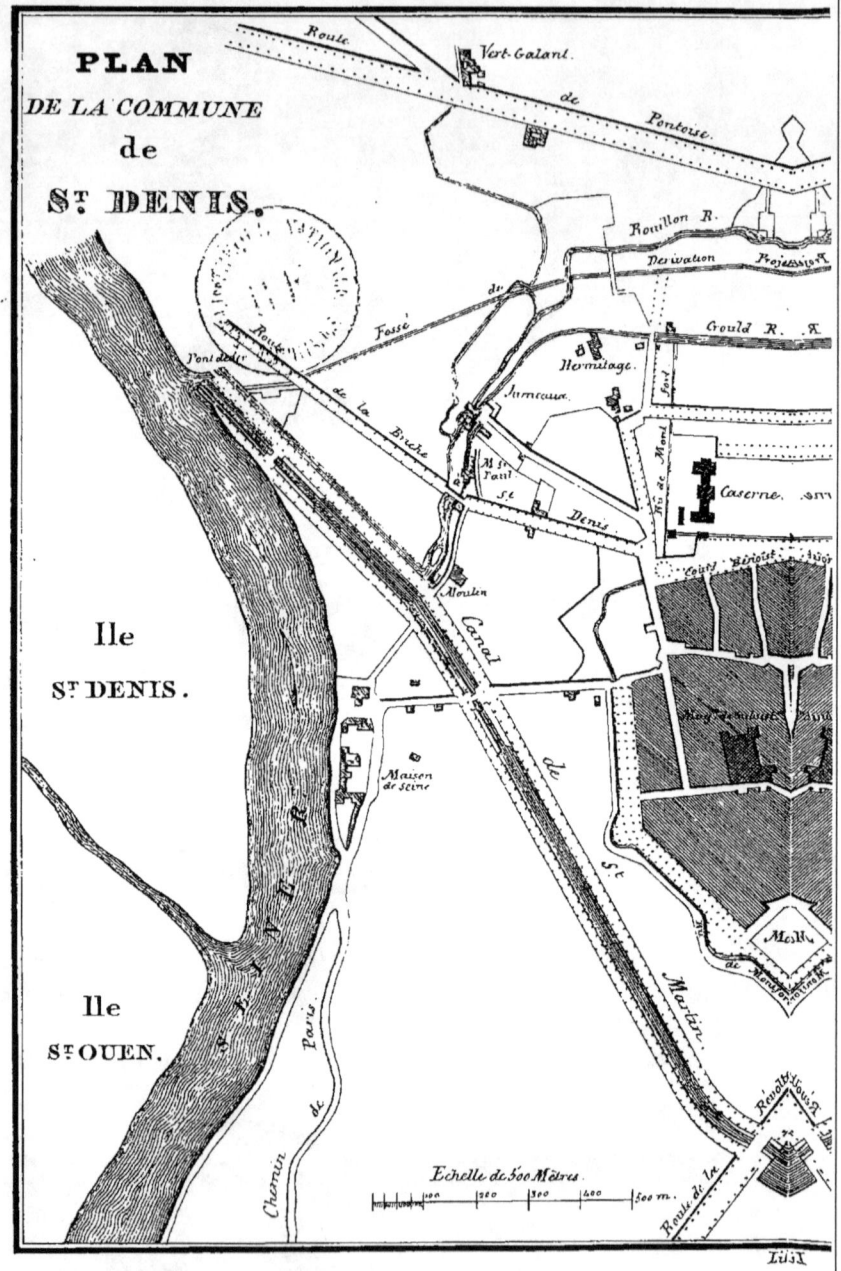

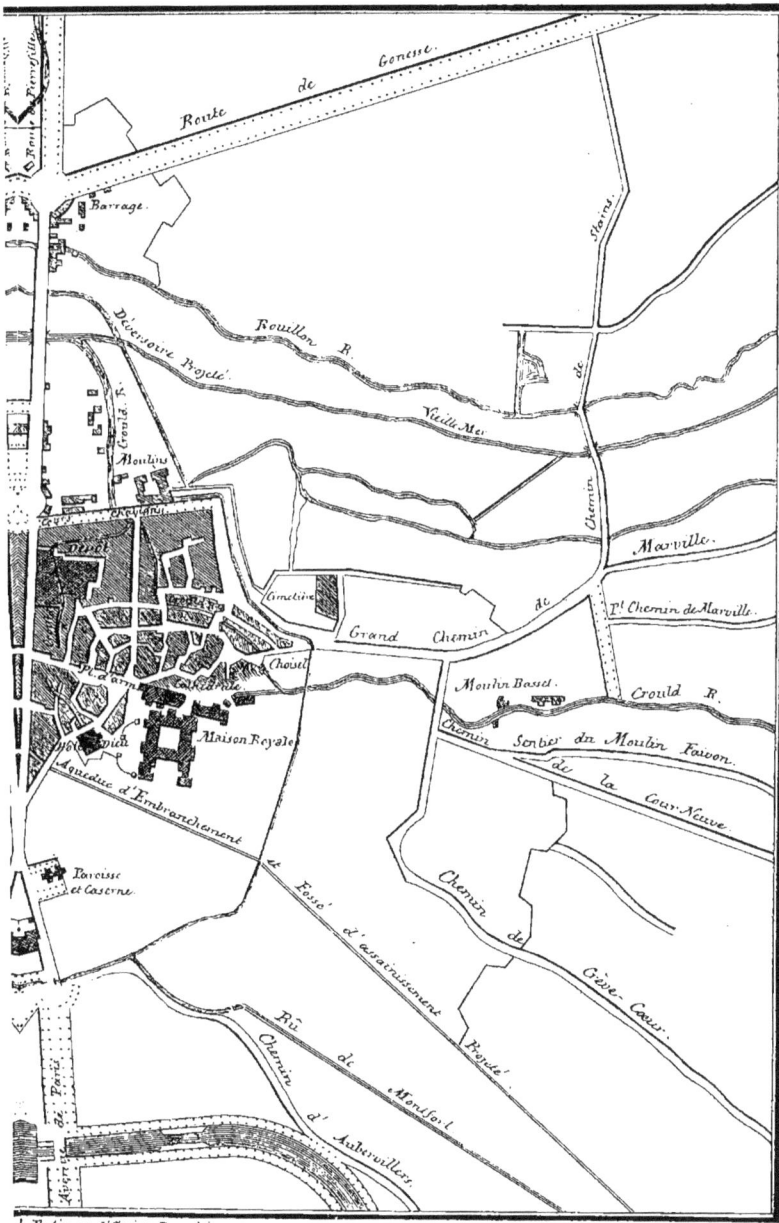

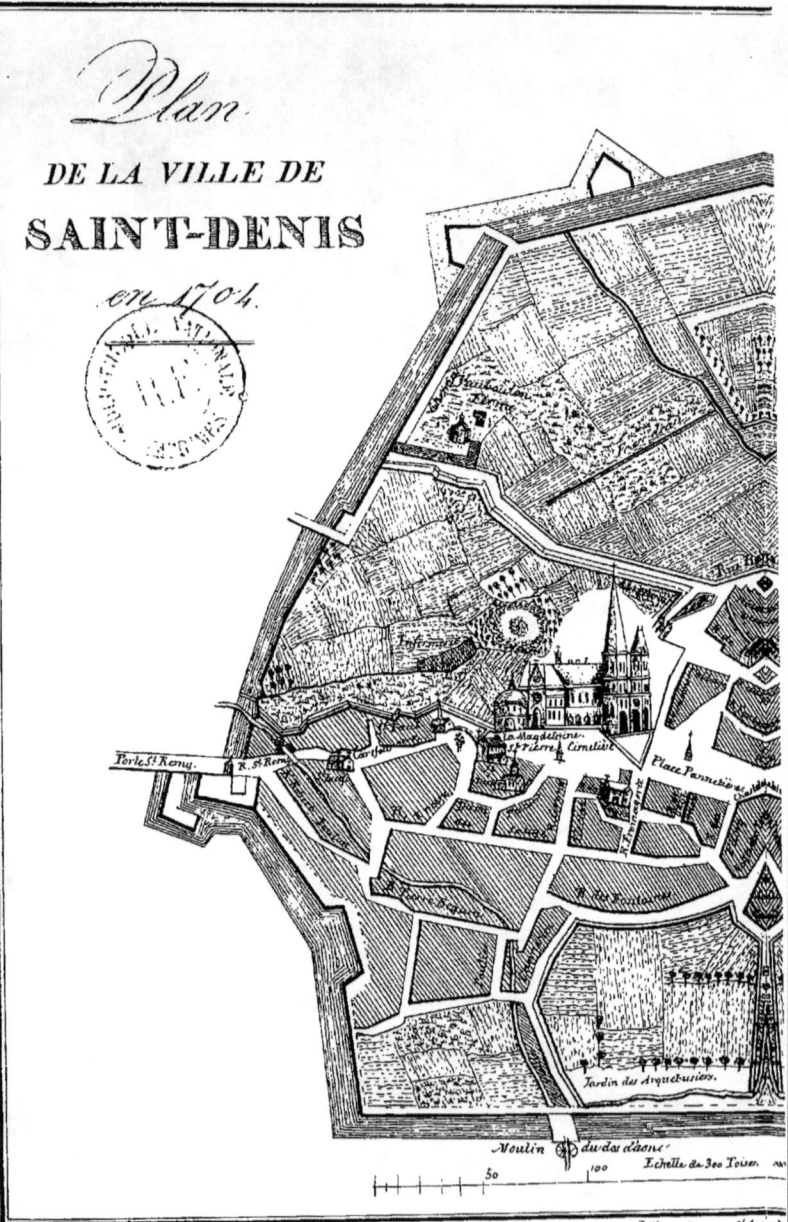

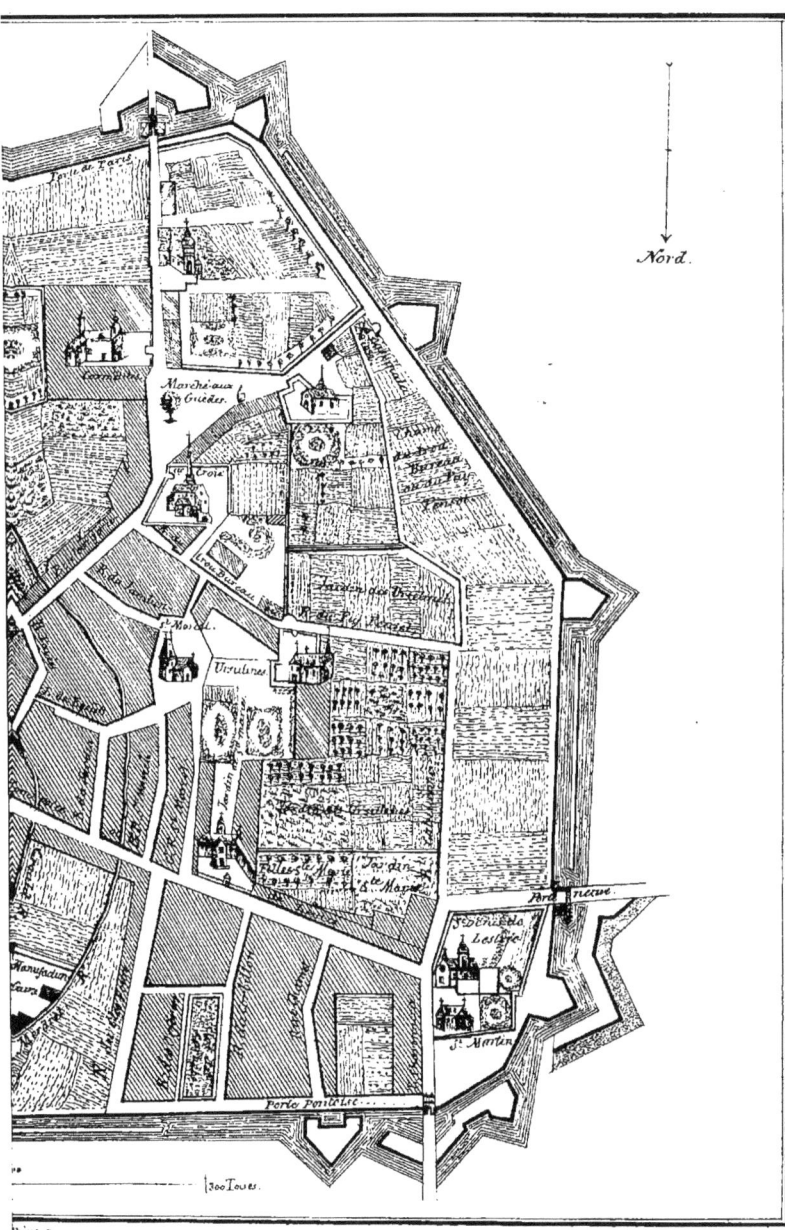

DESCRIPTION COMPLÈTE

DE LA

VILLE DE SAINT-DENIS.

Saint-Denis. — L'Ile-Saint-Denis. — Notices biographiques.

PRÉAMBULE.

L'antiquité de la ville de Saint-Denis, de son abbaye ; la majestueuse élégance de sa basilique ; les tombeaux de nos rois, leurs cendres si odieusement profanées ; la destruction de tant de monastères, d'églises, de chapelles et de monuments qu'on y remarquait ; les actions héroïques qui ont eu lieu dans cette ville, que tant d'abbés recommandables par leurs vertus, par leurs emplois, et que tant d'hommes célèbres ont illustrée ; le pillage du trésor, etc., etc., tout cela justifie la résolution que j'ai prise d'en écrire l'histoire. Plusieurs écrivains, depuis Félibien (Michel), qui écrivait en 1706, en ont donné quelques descriptions plus ou moins étendues ; mais les uns les ont faites avec trop de partialité et d'autres n'en ont donné que des notions très-superficielles ou erronées. J'espère que le lecteur sera satisfait de mon impartialité et de l'exactitude de ma narration.

CHAPITRE PREMIER.

SAINT-DENIS.

Histoire ancienne de cette ville depuis son origine jusqu'en 1789.

SOMMAIRE.

Sa situation.— Son origine.— L'abbaye de Saint-Denis.— Première période de 574 à 775. — Deuxième période de 775 à 1140. — Troisième période de 1140 à 1793. — Continuation de l'histoire de la ville de Saint-Denis à partir du neuvième siècle.— Description des églises — couvents — monastères et des communautés religieuses qui existaient à Saint-Denis. — Le trésor.

§ Ier. — SITUATION DE CETTE VILLE.

Saint-Denis est situé dans une vaste plaine, près de la rive droite de la Seine, à deux lieues au nord de Paris, où elle communique par une belle et large route plantée de deux rangs d'arbres de chaque côté, et à trois lieues de l'Observatoire, au 19e degré 54 minutes 32 secondes de longitude, et à 48 degrés 56 minutes 8 secondes de latitude.

La petite rivière de Crould (1) se joint dans la ville au Morderet, petit ruisseau, et va se perdre dans la Seine, à un quart de lieue après son confluent avec le Rouillon et le *Morderet* (2) ou la vieille mer.

---

(1) Elle prend sa source au-dessus de Tillay, et tombe dans la Seine, près Saint-Denis.

(2) Suivant le Dictionnaire universel de France, et *Merderet* suivant Lebœuf, *Hist. du dioc. de Paris,* tome III, page 241, note 2.

SAINT-DENIS.

La grande route de Paris à Rouen, Beauvais et Amiens traverse cette ville.

§ II. — SON ORIGINE.

Il paraît certain, d'après plusieurs légendes, que le lieu sur lequel Saint-Denis se trouve bâti était celui où existait autrefois un petit village sur l'ancienne route de Paris à Pontoise, nommé *Catolacum*. Ce territoire était divisé en plusieurs parties. Sur l'une d'elles était le gros du village qui portait le nom de Saint-Martin de l'Etrée, et de Saint-Marcel; une autre était le lieu où, convertie par les pieux discours de saint Denis, une dame gauloise le fit inhumer avec ses compagnons Eleuthère et Rustique.

D'après les anciens légendaires, l'opinion a toujours été que ces trois martyrs furent décapités sur la butte Montmartre; que cette dame, nommée *Catule*, touchée de compassion à l'aspect effroyable de leurs corps, fit inviter à un grand repas les gardiens de ce précieux dépôt, et que, pendant qu'elle les enivrait, elle s'empressa de faire enlever les cadavres, et de les faire porter dans son champ.

Voici ce que dit Doublet à ce sujet :

« Cette dame (accompagnée d'une infinité de

» multitude d'anges que l'on entendait chanter
» *Gloire te soit, ô Seigneur!* adioustant sou-
» ventes fois *alleluya* aussi enuironnée d'une
» grande lumière) lequel elle reçut ensemble
» le précieux corps, et le ayant deuestée de sa
» sacrée tunique, chausses et autres siens habits,
» luy donna sépulture et après l'avoir enseully,
» et laissa le tout pour servir à la postérité de
» mémoire et saintes reliques, fit peu après
» ériger un tombeau (1). » Et plus loin il dit
encore, que ce fut autour de ce tombeau que
les nouveaux chrétiens construisirent une chapelle qu'ils dédièrent aux martyrs; et d'après
plusieurs historiens, sainte Geneviève, la première, aurait eu l'honneur de contribuer à
son élévation. On ajoute qu'il s'y serait opéré
plusieurs miracles en sa faveur pendant ses
pèlerinages, et qu'elle même en aurait fait
plusieurs (2).

Je n'entrerai dans aucun détail sur la véracité des miracles rapportés par divers historiens
qui ont écrit la vie de saint Denis et autres. Ils
se sont contredits; et, dans une pareille matière,
il est plus sage de s'abstenir, que de chercher
à soulever un voile qui peut-être découvrirait

---

(1) Doublet, *Histoire de l'abbaye de Saint-Denis*, p. 95.
(2) *Idem*, p. 156.

de nouveaux doutes, ne voulant ébranler en aucune manière la foi qui résulte d'anciennes traditions. Ceux qui voudront s'éclairer à ce sujet pourront consulter les auteurs; mais je leur prédis, qu'après beaucoup de recherches, il ne leur restera dans l'esprit qu'une fatigante incertitude.

Je rentre dans mon sujet.

Cette chapelle, élevée sur le tombeau des saints martyrs, fut, ainsi qu'on le verra, transformée, au septième siècle, en une superbe basilique, accompagnée d'un monastère auquel fut joint un terrain très-étendu. C'est donc là que la ville de Saint-Denis prit naissance sous le titre de *Château*, nom du village qui ne fut entouré de murs qu'au neuvième siècle. Cette première clôture est due à Charles-le-Chauve, qui la fit commencer. Elle était, à cette époque, une espèce de fortification qui servait d'abri aux habitans pour se mettre en sûreté.

Cette enceinte ne tarda pas à être peuplée et remplie d'églises et de chapelles dont je donnerai plus tard la description historique.

Quant au village de Saint-Martin de l'Etrée qui était bâti sur ce qu'on appelait la chaussée romaine dite *Strata* (1), mentionnée dans l'Iti-

(1) Nom qui a formé celui de l'Etrée.

néraire d'Antonin, et dont je parlerai dans la suite, il resta long-temps sans clôture au milieu des champs, lieu de l'ancien *Catolacum* ou *Cadolacum*.

Les uns croient que ce mot peut avoir quelques rapports avec l'ancien usage celtique. D'autres le font dériver de *Catulla*, en se fondant sur les seconds actes de Saint-Denis, qui disent que « la pieuse dame de ce nom fit donner la » sépulture aux trois martyrs; c'est pourquoi » l'on donna à ce village le nom de Catullica- » num (1). » Quoi qu'il en soit, il faut s'en tenir avec Lebeuf à *Catolacum*.

C'est bien sur le terrain de ce village que fut construite la basilique; mais les deux paroisses de ce lieu étaient Saint-Marcel et Saint-Martin de l'Etrée.

Primitivement, les habitans bâtirent des maisons sur le bord du grand chemin où étaient situées ces églises. Quant à la basilique, elle était à l'écart et dans un lieu solitaire; elle ne fut érigée en paroisse que fort tard, et depuis la clôture commencée à l'occasion de la guerre des Normands.

Le culte de saint Martin étant très-répandu

---

(1) Lebœuf, *Hist. du Dioc. de Paris*, t. III, p. 174, et Fulrard, *Dissert. sur l'Hist. de Paris*, tome 1er.

dans les Gaules, il y a lieu de croire que les habitans de *Catolacum*, auxquels une église était absolument nécessaire, eurent d'abord celle de Saint-Martin construite sur la route romaine.

Quant à l'origine de l'église de Saint-Marcel, elle ne doit pas être éloignée de beaucoup de celle de Saint-Martin.

Le roi Gontran portait une dévotion toute particulière au patron de cette paroisse, martyr de Châlon. On croit que ce fut lui, *Gontran*, qui fit élever le premier édifice de cette église. On sait que Gontran, Sigebert et Chilpéric, après la mort de Caribert, leur frère, roi de Paris, arrivée en 566, s'étant partagé entre eux son royaume, firent exception de la ville de Paris; ils convinrent de la posséder tous les trois en commun, sous la condition qu'aucun des trois ne pourrait y rentrer sans le consentement des autres. Ce droit commun qu'ils eurent sur la ville de Paris les détermina à avoir chacun un palais, un château ou maison de plaisance aux environs, dont il sera fait mention dans la suite.

On croit généralement que Dagobert avait son palais près du monastère construit sur le territoire de Saint-Marcel, palais que Clotaire II, son père, tenait du chef de Gontran, et que là, auraient été frappées les pièces de monnaie sur lesquelles ou lit *Catolaco* (1).

Ainsi tout fait croire que ce fut avant le siècle de Charlemagne que la terre de Saint-Marcel fut donnée à l'évêque de Paris, et que pour attirer ce prince à Saint-Denis, Fardulf lui fit bâtir un palais près de l'abbaye (2). Au reste, ce que l'on désignait par les noms de Saint-Martin de l'Etrée, et de terre Saint-Marcel, dans les onzième et douzième siècles, s'appelait *Catuliacum* sous le règne de Charles-le-Chauve, et l'abbaye était encore censée en faire partie.

§ III. — L'ABBAYE DE SAINT-DENIS.

Art. 1er. — Son origine.

La plupart des monastères ont pris naissance avec le christianisme. Ce furent des laïques qui, cherchant la solitude pour méditer les saintes écritures, vaquer uniquement aux affaires spirituelles et s'adonner à la contemplation, érigèrent les premiers monastères. L'Orient et l'Egypte furent les pays de prédilection de ces pieux cénobites; leur nombre s'y accrut con-

---

(1) Leblanc, *Traité des Monnaies*, p. 64.
(2) *Ex carmin. Fardulf*, t. 2. — Duchêne, p. 644.

PORTAIL DE L'ÉGLISE DE S¹ DENIS.

sidérablement. Le bois, les roseaux étaient les seuls matériaux dont ils avaient besoin pour se construire un abri dans les lieux escarpés et non habités.

Ces premiers anachorètes, pour n'être à charge à personne, travaillèrent de leurs mains, et tout en ne vivant que de leurs pénibles travaux, ils faisaient encore des aumônes.

Il n'en fut pas ainsi de la célèbre abbaye de Saint-Denis, dont on va lire la description.

1re PÉRIODE DE L'AN 574 A 775.

Art. 2. — Suite de l'origine de l'abbaye.

Ce sont les premiers chrétiens de ces cantons qui construisirent le premier oratoire sur le tombeau des saints martyrs. Cet oratoire fut ensuite agrandi par sainte Geneviève, aidée du prêtre Génès et des aumônes des Parisiens, vers l'an 496.

En 574, soixante-deux ans après la mort de cette sainte, quelques soldats allemands entrèrent dans cette église en revenant d'une course faite contre Chilpéric. Un de leurs officiers enleva de dessus le tombeau une pièce d'étoffe de soie garnie d'or et de pierreries. Un autre soldat se tua en montant sur le tombeau qui se terminait en forme de tour, pour y voler une colombe d'or qui y était placée.

En 580, Chilpéric Ier étant au palais *Brinnacum*, situé entre Paris et Soissons, fit transporter en la basilique de Saint-Denis la dépouille mortelle du jeune Dagobert, son fils, décédé en ce palais. On présume que c'est la première inhumation de prince qui ait été faite dans cette basilique. On y inhumait aussi des personnes de considération qui y faisaient beaucoup de bien.

Art. 3. — Comment cette basilique devint un monastère comblé de richesses.

Il paraît que ce fut Dagobert, fils de Clotaire II, qui fit jeter les premiers fondemens du temple magnifique que nous voyons aujourd'hui, à la place de l'église dont il vient d'être fait mention, et qui tombait en ruine. Voici comment certains chroniqueurs en racontent la fondation.

Fatigué, sans doute, des contraintes qu'il éprouvait de la part de son gouverneur, le jeune Dagobert résolut de s'en venger.

Un jour que son père était absent, il s'arme d'un couteau, saisit son maître par la barbe, la lui coupe, et emporte avec elle un morceau du menton, ce qui, dans ce temps-là, était une chose infamante; puis, aidé de ses gens, il le frappa avec un bâton. Ensuite, redoutant le châtiment qu'il avait bien mérité, il évite le retour de son père, et il se rappelle que, poursuivant un jour un cerf à la chasse, l'animal aux abois courut se cacher dans la chapelle des saints martyrs, et que les chiens qui le poursuivaient, malgré tous leurs efforts, n'avaient pu dépasser le seuil de la porte qui était ouverte entièrement. Dagobert se réfugie alors dans la même chapelle, où il passe la nuit. Le roi arrive, envoie plusieurs de ses gens; mais, tels que les chiens, ils sont arrêtés par une main invisible.

On rapporte que saint Denis fit plusieurs autres miracles en faveur de ce fils rebelle. « Or, » pendant les allées et venues des ministres et » gens du roi, dit un ancien historien (1), le » prince Dagobert s'endormit, auquel saint De- » nis s'apparut en vision, luy promettant de » luy garantir contre la fureur de son père, et » l'asseurant même qu'il luy succéderait au » royaume, pourvu qu'il luy fit bastir un mau- » solée et un temple, l'adjeurant de ce faire, et » de transporter hors de là ses ossemens et ceux » de ses confrères. »

(1) *Des Rues, les Antiquitez, Fondations, Singularitez des plus célèbres Villes*, p. 84 et 85.

Doublet fait apparaître à Dagobert les trois martyrs, et dit qu'ils avaient la face luisante comme le soleil ; il rapporte même les discours qu'ils lui tinrent. Frappé de cette apparition céleste si extraordinaire, Dagobert ordonne l'élévation d'un nouveau temple qu'il se plut à décorer avec la plus grande magnificence.

« Or, dit Doublet (1), cette église, quoique
» moins grande qu'elle l'est à présent, ayant
» été de beaucoup agrandie par le vénérable
» abbé de Suger, ainsi qu'il se verra en son
» lieu, était si enrichie d'or et de pierres pré-
» cieuses, que c'était une chose admirable, et à
» l'endroit où devaient reposer les sacrez corps
» des bienheureux martyrs, le tout fut couvert
» d'argent, tant par le dedans que par le des-
» sus la couverture de l'église. »

Félibien dit qu'Aimoin fut le premier qui ait accusé Dagobert d'avoir orné l'église de Saint-Denis des dépouilles enlevées aux églises de France ; il dit encore : « Que cet auteur ne parle
» que de deux portes de bronze que le même
« roi, à ce que l'on disait plus de trois cents ans
» après Dagobert, aurait enlevées de l'glise de
» Saint-Hilaire de Poitiers. Encore n'ose-t-il
» l'assurer ; et il ajoute seulement que l'une des

---

(1) *Hist. de l'Abbaye de Saint-Denis*, t. 1er p. 164.

» portes qu'on avait embarquées sur mer tomba » dans l'eau, sans qu'on n'ait plus entendu depuis » parler si elle a esté recouvrée. » Et il ajoute encore : « Quoi qu'il en soit, on voit du moins que » les écrivains du dernier siècle conviennent » avec les plus anciens, que Dagobert n'épargna » rien de tout ce qu'il crut pouvoir contribuer » à l'ornement de l'église de Saint-Denis (1). »

Art. 4. — Sa Dédicace.

Je rapporte ici plusieurs faits miraculeux qui, suivant Doublet, eurent lieu à l'occasion de la consécration de cette église, dont la célébration se fit le 24 février 636. Ainsi que j'en ai déjà prévenu mes lecteurs, je ne me permettrai aucune réflexion, aucun commentaire au sujet de ces miracles.

Tout ayant été préparé pour célébrer cette cérémonie, au jour fixé, une multitude innombrable se rendit à la ville pour y assister. La plupart aurait bien voulu passer la nuit dans l'église, mais nul n'en put obtenir la permission. On fut donc obligé de la faire évacuer. Un seul échappa à la vigilance des gardiens ; ce fut un pauvre lépreux. Pendant la nuit

---

(1) Félibien, *Histoire de l'Abbaye de Saint-Denis en France*, p. 20.

ce malheureux vit tout à coup une brillante lumière qui pénétrait par une des fenêtres, et qui, dit Doublet(1), « remplissait toute l'église de
» clarté et de splendeur, et ensuite de ceste lu-
» mière, notre sauveur et rédempteur Jésus-
» Christ, revêtu d'habits sacerdotaux et pon-
» tificaux, accompagné des grands apôtres
» saint Pierre et saint Paul, et aussi du glorieux
» apôtre saint Denis et de ses compagnons saint
» Rustic et saint Eleuther, lesquels lui minis-
» traient, et pareillement d'une troupe de
» saincts, sainctes et d'anges, lequel consacra
» de sa divine main, et dédia de sa sacrée
» bouche, fit les cérémonies accoutumées, che-
» mina processionnellement tout à l'entour,
» suivi des apôtres et saincts, arrosa le pavé
» d'eau bénite, imprima avec de l'huile cé-
» leste, ès parois et murailles, les marques et
» caractères de consécration et dédicace. »

Doublet ajoute que, pendant la procession, Jésus-Christ découvrit le lépreux et lui commanda de rapporter fidèlement, « et faire en-
» tendre au roi Dagobert, aux prélats et grands
» seigneurs assemblés près de lui, ce qu'il avait
» veu, et qu'il n'estait plus besoin de dédier et
» consacrer icelle église. » Comment, dit le

(1) Doublet, page 165 et 166.

lépreux, affligé d'une maladie aussi contagieuse, pourrai-je avoir accès auprès du roi? Doublet y répond ainsi : « Jesus-Christ prenant ce pau-
» vre infecté par le haut de la teste, lui ôta
» toute ceste peau couverte de lèpre, et la jeta
» contre la paroy, où elle demeura attachée,
» représantant le visage et face d'où elle était
» sortie, le malade demeurant sain et net, et
» sa chair aussi belle et plus que celle d'un
» jeune jouvenceau. » Après cette cérémonie miraculeuse, Jésus-Christ disparut avec sa suite. Doublet raconte tous ces faits d'après des légendes.

A peine Dagobert a-t-il entendu le lépreux, qu'il quitte de suite son palais de Clichy, court à Saint-Denis et ne tarde pas à se convaincre par lui-même de la véracité d'un fait si extraordinaire. Ce prince fit alors transporter les corps des saints martyrs dans la nouvelle église. Cette basilique, ainsi qu'on l'a vu, existait avant lui; mais le premier, il lui donna tant de terres et de villages, il la combla de si grands biens et l'embellit si splendidement, qu'il passa pour en être le fondateur.

C'est à cette époque, que ce monarque établit des religieux dans ce monastère, avec de nouvelles dotations, et il leur conféra des priviléges considérables.

Une charte, que l'on croit fausse, fait mention qu'il transmit le château de Saint-Denis à ce monastère, en 633; mais celle de 635, qui donne des biens aux pauvres matriculaires du monastère, est véritable.

Beaucoup d'autres chartes, vraies ou fausses, font des dons considérables à l'Abbaye. On remarque, parmi les nombreux priviléges accordés à cette église, celui qui portait qu'en considération de sa divine consécration, eu égard à la délivrance visible de Dagobert : *Elle ne serait soumise à aucune puissance, et ne dépendrait d'aucune juridiction ecclésiastique, autre que celle du pape, et que tous les grands dignitaires français seraient soumis à lui rendre les mêmes honneurs que les Italiens sont tenus envers l'église de Saint-Pierre de Rome, et enfin qu'elle jouirait, en France, de pareilles immunités, prééminences et prérogatives que cette église.*

Suivant un autre privilége, tout criminel, même de lèse-majesté, en se retirant dans la basilique, ne pouvait plus être inquiété, parce que, dit la charte : « Si Dieu tout-puissant, par
» l'intercession de Saint-Denis et de ses com-
» pagnons, a protégé, dans ce lieu sacré, une
» brute, un cerf, il est bien plus conve-
» nable que des hommes, coupables de crimes

« quelconques, soient protégés par la même main. »

En outre, les religieux recevaient de Dagobert cent vaches par an, pour leur nourriture, et huit mille livres de plomb, chaque année, pour l'entretien de la couverture de cette basilique.

En 638, ce monarque expira, et fut le premier qui reçut la sépulture dans l'église de Saint-Denis, après y avoir fait inhumer *Landégisile*, frère de Nantilde, son épouse. Cet exemple fut imité par plusieurs de ses successeurs qui, presque tous, cherchant à lui ressembler, contribuèrent à enrichir cette abbaye, qui devait devenir leurs tombeaux et ceux des rois leurs successeurs.

Après Dagobert, Charles Martel, qui mourut à Cressy-sur-Oise, le 22 octobre 741, fut transporté avec pompe dans les tombeaux de l'abbaye.

Ce prince, tant regretté de ses guerriers, fut haï du clergé qu'il avait dépouillé en leur faveur.

Les moines du monastère résolurent de faire intervenir la vengeance du ciel contre lui; en conséquence, Saint-Eucher, évêque d'Orléans, eut une révélation qui lui faisait voir l'ame de Charles Martel condamnée au feu de l'enfer.

Pépin, instruit du fait, ordonne au saint évêque et à l'abbé Fulrard de le vérifier, en allant visiter le tombeau de son père : « Ceux-ci, dit Dou-
» blet (1), trouvèrent seulement un serpent
» horrible et hideux dans le cercueil, et le
» sépulchre tant noir qu'il semblait que le feu
» y eut passé, témoignage de l'ire de Dieu
» contre ce prince qui avait molesté les prélats,
» et iceux envoyé en exil et particulièrement
» ce saint évêque. »

Pépin, craignant la même vengeance, se conduisit tout autrement que son père; à cet effet, l'abbé Fulrard, dit Félibien, contribua beaucoup à faire réussir l'entreprise de Pépin, ayant été envoyé à Rome avec Burchard, évêque de Virtzbourg, pour consulter le pape Zacharie (2) sur le dessein qu'on avait en France de réunir dans la personne du maire, le titre et les fonctions de la royauté.

Le ciel, qui se joue, pour ainsi dire, des plus grands empires, et qui brise, quand il lui plaît, le sceptre dans la main des rois inutiles ou barbares, sembla favoriser son usurpation, en permettant que la couronne de Clovis passât sur sa tête, d'après l'avis du pape, pour l'utilité de

(1) Doublet, page 179.
(2) Félibien, Hist. de l'Abbaye Royale de Saint-Denis, p. 43.

l'église et pour l'affermissement de la monarchie française.

Ce prince, qui fut le premier roi couronné de la main du clergé, quoique déjà proclamé roi à Soissons par les Francs, en 752, et sacré par Boniface, évêque de Mayenne, se fait une seconde fois sacrer, en 754, par le pape Etienne II, dans l'église de Saint-Denis.

Ce pape, qui vint exprès en France pour cette auguste cérémonie, sacra, en même temps, les deux fils de Pépin, *Charles* et *Carloman*, les releva, ainsi que tous les Francs, du serment de fidélité qu'ils avaient prêté au roi Childéric, et menaça d'excommunier ceux qui, à l'avenir, tenteraient d'élever sur le trône une autre famille. Les chefs de la troisième race des rois francs se trouvaient ainsi atteints de cette excommunication.

Le pape, qui avait besoin de Pépin pour repousser l'armée du roi des Lombards, était assez disposé à lui accorder tout ce qu'il lui demanderait.

2e PÉRIODE DE 775 A 1140.

Art. 5. — Destruction et reconstruction de l'église de Saint-Denis par Pépin. Sa dédicace.

Cent vingt ans environ après que Dagobert eut fait à l'église de Saint-Denis tous les embellissemens que le lecteur connaît, Pépin fit détruire l'édifice et le remplaça par un nouveau, plus spacieux, qui ne fut achevé que sous Charlemagne.

Le roi voulut que la dédicace de ce nouvel édifice, qui eut lieu en sa présence en février 775, fût célébrée avec la plus grande pompe.

Les cryptes (1) autour du chœur restent seuls de cette dernière construction.

Dans leur ensemble, ces chapelles souterraines rappellent le style et le goût de l'architecture des Lombards.

Dubreul fait mention d'un impôt que Charlemagne fit lever pour ce bâtiment, qu'il qualifia seulement d'augmentation de celui de Dagobert (2).

Ce fait n'est pas très avéré; ce qui est plus certain, c'est que, lorsqu'il ordonna la dédicace dont je viens de parler, ce prince fit présent de Luzarches à l'abbaye (3).

---

(1) Souterrain d'église où l'on enterrait les morts.

(2) Dubreul, p. 818.

(3) Doublet, p. 711.

Art. 6. — Époque de l'entrée des religieux dans l'abbaye. — Les abbés commencent à se mêler de politique. — Désordres introduits dans le monastère.

Il paraît, d'après une charte de 632 citée par l'abbé Lebeuf (1), que, dans le commencement du règne de Dagobert, il n'existait pas encore de moines à Saint-Denis, mais seulement un simple clergé. D'après ce qu'on lit dans la vie de saint Éloi, écrite par saint Ouen, contemporain de Dagobert, il n'y aurait eu des moines et un abbé que lorsque ce prince aurait fait achever tous les embellissemens qu'on lui attribue, et lorsqu'il fit placer honorablement le corps de saint Denis.

C'est de cette époque, 775, que les abbés et les religieux de Saint-Denis commencèrent à se mêler des affaires politiques; parmi ceux qui, comme conseillers des rois, furent employés dans diverses négociations, on remarque Turpin, chancelier de Charlemagne, l'un de ses confidens intimes; et l'abbé Hilduin, qui furent de plusieurs ambassades sous Louis Ier, dit le débonnaire. Le dernier, comblé de bienfaits par ce monarque, osa conspirer contre lui.

Il paraît très-certain qu'il fut nécessaire d'in-

---

(1) *Hist. du Dioc. de Paris*, p. 192, t. 3.

troduire une réforme dans l'abbaye de Saint-Denis, et que la ferveur des moines était bien ralentie. « Au commencement du ixᵉ siècle, le » relâchement, dit Félibien, y devenait plus » grand de jour en jour; on n'y reconnaissait » plus ni régularité, ni discipline, la plupart » des religieux (si toutefois on doit les appeler » ainsi) avaient quitté l'habit monastique et » s'étaient transformés en chanoines, pour vivre » avec plus de licence (1). »

Le célèbre Hincmar, religieux de Saint-Denis, et qui y fut élevé dans sa jeunesse, parle aussi de ce travestissement (voyez sa biographie à la fin de ce chapitre). Cette licence devint si grande, que Louis le débonnaire, ainsi qu'il en est fait mention dans son diplôme de l'an 832, fut contraint d'engager les abbés Benoist et Arnoul de remettre le bon ordre dans les monastères de ses états, ce qu'ils firent en séparant à Saint-Denis les religieux qui voulaient vivre régulièrement d'avec ceux qui s'étaient relâchés, et par la suite on partagea les biens, vers les années 815 ou 816; mais ce moyen était insuffisant, et après d'autres mesures prises (2), l'abbé

---

(1) *Hist. de l'Abbaye Royale de Saint-Denis*, p. 68 et 70.— Hincmar, *Opuscule*, 19.

(2) Lebeuf, *Hist. du Dioc. de Paris*, t. 5, p. 194.

Hilduin, sur l'avis des évêques réunis en concile à Paris en 829, exécuta en 832 cette réforme tentée avant lui. Il y avait alors cent cinquante moines à Saint-Denis.

On croit généralement, que plusieurs évêques se retirèrent dans cette abbaye, et que saint Firmin et saint Patrocle, dont elle possédait les corps, étaient de ce nombre. Il peut se faire encore que le pape Étienne II, s'y trouvant en 754, comme on l'a vu plus haut, aurait laissé quelques prélats de sa suite qui furent appelés évêques de Saint-Denis.

Cette abbaye possédant de grandes richesses, la dignité abbatiale était très-recherchée, après que le monastère fut mis en commande par Charles Ier, dit le Chauve. Il eut pour premier abbé, Louis de Bourbon, proche parent du roi, et plus tard dans la même charge, le roi Eudes et le prince Robert, comte de Paris, qui devint roi de France quelque temps après. Il eut encore pour abbé Hugues-le-Grand et son fils Hugues Capet, quoique laïques, ce qui fait dire à Doublet « que c'est un abus intolérable et » plein de damnation. » On remarque que, dans le même temps, et pour comble de malheurs, les Normands s'en emparèrent et la mirent au pillage.

En 994, il y eut une seconde réforme dans ce

monastère. Saint Mayeul, abbé de Cluny, fut appelé, à cet effet, par l'ordre du roi Hugues-Capet; mais étant mort en chemin, son successeur saint Odilo, y travailla heureusement (1).

On vient de lire que cette abbaye fut mise en commande par Charles Ier; mais les religieux furent rétablis dans la faculté qu'ils avaient perdue depuis ce roi, de se choisir leur abbé, par Hugues Capet, lorsqu'il parvint au trône. « Ainsi, dit Doublet (2), Charles-le-Chauve a « esté chastié de la main toute puissante de Dieu, « et son royaume osté pour avoir introduit les « commandes, et le roi Hugues Capet, bien « qu'usurpateur de la royauté, béni du même « Dieu pour avoir rendu la liberté et l'élection « à l'église. »

Parmi les abbés de Saint-Denis, il en est un qu'il convient de citer. Afin de conserver à l'abbaye le maintien des biens, immunités et priviléges, Adam plaida contre Louis VI (dit le Gros), et contraignit à main armée plusieurs seigneurs du pays Chartrain à ne plus exercer de violence contre les sujets de l'abbaye.

C'est lui qui fit abolir contre eux les servitudes corporelles et personnelles.

---

(1) *Annal. Ben.*, t. 4, p. 87.
(2) Voyez sa notice biographique à la fin de ce volume.

Il eut pour successeur le célèbre abbé Suger.

Le premier acte de Suger, sous Louis VI, fut d'émanciper les habitans de Saint-Denis.

Dans les guerres avec les Anglais et l'empereur d'Allemagne, il marcha constamment à la tête des vassaux du roi.

Louis VI, qui reconnut d'aussi importans services, combla l'abbaye de biens et déposa dans l'église la couronne de son père, qu'il retenait injustement. En effet, du temps de Suger, les religieux de ce monastère avaient droit sur les couronnes des rois après leur mort. De plus le roi confirma au monastère la haute et moyenne justice, et lui fit plusieurs autres dons de grand prix.

On croit généralement que ce fut sous le règne de Louis VI que parut dans les armées royales, et pour la première fois, *l'oriflamme*, petit drapeau ou gonfanon, qui servait aux abbés dans leurs guerres privées. Ce drapeau, regardé par les rois comme miraculeux, garantissait la victoire. Il remplaçait la chape de saint Martin dont nos rois se servaient pour le même objet (1).

En voici la description :

L'oriflamme était un petit drapeau rouge, découpé en trois pointes qui se terminaient en

---

(1) Glossaire de Ducange, au mot *Auriflamme*.

houpes de soie verte, et qui était attaché au bout d'une lance recouverte de lames de cuivre doré.

Guillaume Guiart, écrivain du xii° siècle, le décrit ainsi :

> Oriflamme est une bannière
> Aucun poi plus forte que quimple
> De cendal roujoyant et simple
> Sans pourtraiture d'autre affaire.

De retour à la cour, Louis y rappela Suger. Il en fit son conseiller intime et le ministre justifia le choix de son roi.

Adam étant mort en 1122, Suger obtint sa place. Touché par les vertus, par les exhortations de saint Bernard, quoiqu'il ne pensait pas entièrement comme lui, il réforma en 1127 son monastère, et donna le premier l'exemple de cette réforme.

Art. 7. — Démolition et reconstruction de l'église Saint-Denis par l'abbé Suger.

Suger voyant que l'édifice, bâti par Charlemagne, ne pouvait contenir la foule des fidèles, le fit démolir en grande partie, pour le rendre beaucoup plus vaste et plus majestueux. Mais, voulant respecter la vieille tradition que Jésus-Christ en personne avait consacré l'église construite sous le roi Dagobert, il conserva une partie des anciennes murailles, et l'édifice manqua de solidité.

D'après ce qu'il dit lui-même (1), Suger augmenta de quatre-vingts le nombre des maisons situées autour de l'abbaye; il acheta des différens seigneurs tous les droits seigneuriaux sur la ville de Saint-Denis; il se fit restituer, non sans de grandes difficultés, le beau prieuré d'Argenteuil qui avait été originairement donné à son abbaye, et prit toutes précautions pour que le revenu du comté du Vexin, appartenant au monastère et tenu de lui par Louis-le-Gros, ne lui échappât pas.

Quant à l'église, tous les arts concoururent à l'embellir; les plus habiles artistes, en tous genres, furent appelés à cet effet des extrémités de la France. « Les faiseurs de vitres, dit Doublet, et les compositeurs de verres, vinrent d'Angleterre (2). »

On doit à Suger le portail et les deux tours que l'on voit aujourd'hui, et qui ont remplacé une espèce de porche en saillie, d'un style lourd, qui existait au devant du grand portail, et que Charlemagne, plein de vénération pour la mé-

(1) Suger, *De Rebus in Administratione sua gestes.*
(2) Doublet, *Art du Vitrier.*

moire de son père, avait fait ériger pour sa sépulture (1).

Afin que l'intérieur de l'église répondit à l'extérieur, Suger fit d'abord ériger un superbe tombeau pour y recevoir les corps de saint Denis, saint Rustique et saint Eleuthère, qui, jusqu'à cette époque, avaient été déposés dans l'ancien caveau où Dagobert les avait fait placer.

C'est encore à Suger que l'on doit les portes de fontes ciselées et relevées d'or moulu, et sur lesquelles on remarquait l'histoire de la passion, de la résurrection et de l'assencion de Jésus-Christ; un Christ d'or massif du poids de quatre-vingt marcs, et une croix richement émaillée, ayant à ses pieds les quatre évangélistes, ouvrage d'orfévrerie le plus précieux de ce temps-là ; des tables d'or d'un travail admirable, et qui étaient ornées de pierres précieuses.

Parmi une infinité d'objets rares et curieux,

---

(1) Gilbert, *Nouvelle description*, *Hist. de l'Église Saint-Denis*. Suger fit replacer ce tombeau où il l'avait trouvé; car, en fouillant en 1812, pour faire le massif d'un perron, en dehors du portail, à un peu plus de trois pieds en avant de la principale porte d'entrée, on trouva le cercueil que les savans ont cru être celui de Pépin (voyez dans les *Mémoires de l'Institut*, classe des inscriptions et belles-lettres, un *mémoire* de M. Brial, et le *rapport* sur les travaux de cette classe, juillet 1812).

dont il serait trop long de donner ici la description, et que l'église de Saint-Denis devait à Suger, je cite une table de vermeil, un lutrin garni d'ivoire, où était sculptée une partie de l'histoire ancienne; un aigle d'un superbe travail tout en or moulu; des vitres peintes à grands frais; six chandeliers richement émaillés; un grand calice d'or du poids de cent quarante onces, orné d'hyacintes et d'émeraudes; un vase précieux d'une seule émeraude, qui coûta soixante marcs d'argent, somme énorme à cette époque, etc. Louis-le-Gros avait engagé ce vase d'émeraude. Ce monarque, ne pouvant le dégager, l'abbé Suger obtint l'autorité de le faire.

L'illustre abbé fit faire la nouvelle dédicace de la basilique le dimanche 11 juin 1144.

Les services qu'il a rendus et les bienfaits qu'il a répandus sont immenses. J'en cite une grande partie dans sa notice biographique.

3ᵉ PÉRIODE DE 1140 A 1793.

Art. 8. — Nouveaux dons faits à l'église Saint-Denis par Philippe II.

Me voici arrivée à l'époque où, comblée de richesses, l'église de Saint-Denis, étant parvenue au suprême degré de splendeur, ne pouvait plus espérer de s'élever plus haut. Elle conserva toujours son influence, et resta à peu près stationnaire sous le rapport de l'opulence. Plusieurs abbés, quoique loin de la célébrité de Suger, jouèrent pourtant un rôle assez important dans l'État.

Après la mort de Suger, Philippe II augmenta encore les richesses de l'abbaye de tous ses bijoux et de toutes ses pierreries, qui, selon Guillaume de Nangis valaient douze mille livres, sous la condition que vingt moines feraient une fondation à perpétuité, afin de prier Dieu pour le repos de son ame.

En 1167, on fit don à l'église de Saint-Denis de trois corps des onze mille vierges martyrisées à Cologne. Le bréviaire les nomme *Panafreda*, *Secunda* et *Simabaria*.

Art. 9. — Reconstruction d'une grande partie de l'église Saint-Denis par Eudes Clément, sous le règne de saint Louis.

Au bout d'un siècle, ce superbe édifice, reconstruit par Suger, qui, ainsi qu'on l'a vu, voulut en conserver les murailles, menaçait ruine.

Ce fut sous le règne de Saint-Louis, qu'Eudes Clément, abbé de Saint-Denis, reconstruisit à neuf une grande partie de cette église. Cette reconstruction, qui commença en 1231, ne fut achevée qu'en 1281 sous Philippe III, dit le Hardy. A cette époque, Saint-Denis eut aussi pour abbé, Mathieu de Vendôme. Pendant son second voyage d'outre-mer, Philippe lui confia les rênes de l'État, ainsi que Louis VII le fit autrefois à Suger. Ce ministre, tel que ce dernier, combla l'abbaye de richesses considérables. Alors elle renfermait deux cents moines. Voici ce que dit Doublet au sujet de Mathieu de Vendôme.

« Ce dévotieux et pieux abbé fit faire le grand
» chef de Saint-Denis beaucoup plus riche que
» n'avait fait l'abbé Suger, avec la mître et les
» deux pendans, le tout d'or massif (excepté le
» visage et le col qui sont creux) et enrichi par-
» tout de saphirs très-exquis et d'autres pierres
» précieuses, et aussi de grosses perles orien-
» tales, ensemble trois anges d'argent doré, cha-
» cun de la hauteur de plus d'un pied, qui por-
» taient ce sacré chef.

» Il amplifia et augmenta grandement l'ab-
» baye de Saint-Denis, tant en bâtimens qu'en
» domaines : ce qui est la cause pourquoi on
» célèbre tous les ans, en l'église, un anniver-
» saire pour le repos de son ame. »

Pour pouvoir se déterminer à abattre la partie ancienne de l'église que l'on croyait dédiée par Jésus-Christ lui-même, il a fallu que le pape écrivit que cet édifice ne devait pas être éternel (1).

La reine Blanche contribua beaucoup à l'avancement de la construction. « De là vient, » dit Lebeuf, qu'on y voit les armes de Cas- » tille accollées à celles de France (2). »

Lors des funérailles de saint Louis, l'archevêque de Sens et l'évêque de Paris, qui vinrent pour assister à cette cérémonie funèbre, furent repoussés en présence de Philippe III, successeur au trône, par l'abbé de Vendôme, qui même leur ferma brusquement la porte de son église. Se croyant des potentats, ces orgueilleux abbés semblaient mépriser leurs évêques. Suger lui-même, dit-on, pendant long-temps ne marchait qu'à la tête de six cents chevaux; mais les remontrances que lui fit saint Bernard le déterminèrent à renoncer à ce faste peu digne d'un religieux.

Au sujet de la conduite étrange de Mathieu de Vendôme, dont je viens de parler, Velly dit : « Il fallut que les deux prélats allassent quitter » les marques de leur dignité au-delà des limites » de la seigneurie de l'ambitieux solitaire. Jus- » qu'à ce que cela fût executé, le roi et tous les

---

(1) *Chron. franc. de Saint-Denis du XIIIe siècle.*
(2) *Hist. du Dioc. de Paris,* t. 5 p. 182.

» barons de France attendirent patiemment à
» la porte, qu'on pouvait, dit un judicieux
» écrivain, qu'on devait peut-être même en-
» foncer. (1) »

Après la prise du roi Jean, qui eut lieu en 1356, les religieux travaillèrent à fortifier leur église de murs et de fossés. « Le Daufin, » *Charles V*, dit Lebœuf, d'après Doublet, leur » permit, en 1358, d'abattre pour cela des » maisons voisines. Ce qui paraît ajouté aux » tours du portail, vers la partie inférieure, » en forme de couronnes et de crénaux, peut » avoir été construit alors. Si ces espèces de » fortifications ne sont pas de ce temps-là, elles » auront été faites sous l'abbé Guy du Monceau » entre 1363 et 1398. Son épitaphe dit de lui : » *In turribus et fortalitiis cœnobium istud* » *augmentavit* (2). »

On ne comptait plus, en 1411, que soixante-dix moines dans l'abbaye, mais cinquante-deux étaient placés dans les prieurés et prévôtés dépendant du monastère, et dix dans le collége de Saint-Denis, à Paris.

Le monastère, depuis cette époque, eut plu-

---

(1) Velly, *Hist. de France*, in-12, t. 6, p. 276.
(2) Doublet, p. 994. — Lebeuf, *Dioc. de Paris*, t. 5, p. 185.

sieurs abbés qui se firent remarquer tant par leurs richesses que par leurs pouvoirs, ainsi qu'on a pu en juger par tout ce qui a été dit jusqu'ici à ce sujet.

Les maisons de Bourbon et de Guise donnèrent plusieurs abbés au monastère.

Le cardinal Louis de Bourbon, qui fut le premier des abbés commendataires de l'abbaye de Saint-Denis, entra en exercice en 1529 et fut en 1552 lieutenant-général des armées de Henri II.

L'abbé et les religieux travaillèrent à ramener Henri IV aux principes de la religion catholique.

Ces moines, dans le premier temps de l'abbaye, étaient des bénédictins qui suivaient rigoureusement la règle de saint Bénoît; mais, par suite, l'opulence dont ils jouirent leur fit adopter de nouveaux statuts plus conformes à leur richesse; et même un costume qui différait du premier qui convenait à leur ordre primitif. Jouissant de priviléges et de prérogatives entièrement étrangers aux autres couvens du même ordre, on pouvait les regarder comme les chefs d'une nouvelle institution, qui avait sous sa dépendance, dans les provinces et dans plusieurs royaumes chrétiens, des prieurés qui y étaient dispersés, ce qui les fit quelquefois nommer *Dionisiani* au lieu de *Bénédictini*.

Cela sert à confirmer ce qui vient d'être dit, que ces moines ne connaissaient pour supérieur que le pape, dont ils dépendaient immédiatement.

Parmi les prérogatives dont ils jouissaient, on remarquait celle d'être dépositaires de la couronne, du sceptre, de la main de justice, des vêtemens qui avaient servis aux sacres et aux couronnemens. L'abbé et les religieux portaient tous ces objets à Reims, et se les appropriaient après la cérémonie.

Il en était de même des dépouilles et des insignes des rois, des reines et des enfans de France.

Voici ce qu'on lit à ce sujet dans les mémoires de Louis XIV et de la régence : « Au » service funèbre de la dauphine, en allant à » l'offrande, je portais le cierge avec des pièces » d'or à l'évêque qui chantait la grand'messe, » et qui était assis dans une chaise à bras, au- » près de l'autel ; ce prélat voulut le donner à » ceux qui l'assistaient, et qui étaient des prêtres » de la chapelle du roi ; mais les moines de » Saint-Denis accoururent à bride abattue, » prétendant que les cierges avec les pièces d'or » leur revenaient de droit. Ils se jetèrent sur » l'évêque, dont le fauteuil commença à chan-

» celer, et lui firent tomber la mitre de la tête.
» Si j'étais restée encore un moment, l'évêque
» avec tous les moines, seraient tombés sur moi,
» aussi je descendis à la hâte les quatre marches
» de l'autel, car j'étais encore leste, et je con-
» templai cette bataille qui me parut si co-
» mique, que je ne pus m'empêcher de rire.
» Tout le monde en fit autant (1). »

Elle jouissait encore, cette fameuse abbaye, de plusieurs droits qui n'étaient que productifs, tels que droits de traverser par terre ou par eau, ceux sur le sel, ceux du bottage ou péage, forage, rouage, ceux enfin sur les foires de Saint-Denis, sous peine d'une amende considérable.

A son avénement, tout abbé avait le droit de donner une lettre de maîtrise à chaque corps de métiers qui était tenu de payer tous les ans le droit de cens.

Parmi ces nombreux priviléges, on y remarque encore le droit de justice spirituelle et temporelle, qu'elle tenait du roi Robert, qui le leur accorda dès l'an 1008, ainsi qu'on

---

(1) *Mémoires sur la Cour de Louis XIV et de la Régence*, extrait de la correspondance allemande de Madame Élizabeth Charlotte, duchesse d'Orléans, mère du Régent. Édition de 1825, p. 164 — 165.

l'a vu, et qui fut confirmé par Louis VI.

Quant aux appels des décisions en matière spirituelle, ils allaient directement à Rome. Pour ce qui est du temporel, il est une chose digne de remarque, c'est que l'official de Saint-Denis connaissait du crime de lèze-majesté(1).

On peut regarder cette époque comme le terme de la magnificence de Saint-Denis. L'abbaye bientôt allait perdre l'indépendance dont elle était si fière.

En 1607, sous Nicolas Hesselin, grand prieur, il se forma une petite congrégation de plusieurs abbayes, dont celle de Saint-Denis était le chef-lieu, et qui fut confirmée par les papes Grégoire XIII, Sixte V, Grégoire XIV, Clément VIII, et autorisée par arrêt du grand conseil. « Mais, dit Lebœuf, cette congrégation » ne dura pas long-temps(2). » La réforme de Saint-Maure, en 1633, mit un terme à l'indépendance dont cette abbaye se glorifiait tant, et surtout à ses richesses, et sa mense abbatiale, qui valait 100,000 fr. de rente, ayant été unie à la maison des Dames de Saint-Cyr, en 1692, l'archevêque de Paris rentra le 6 août de cette année dans sa juridiction sur le territoire de

---

(1) Voyez un arrêt du parlement de Paris du 11 mars 1559.
(2) Lebœuf, *Hist. du Dioc. de Paris*, t. 5 p. 200.

Saint-Denis par un traité qu'il fit avec les religieux, auxquels il laissa seulement celle de l'enceinte de leur monastère. Les droits seigneuriaux restèrent à l'abbaye, mais les appels vinrent rarement au parlement.

Art. 10. — Originé des sépultures royales dans l'abbaye de Saint-Denis.

On a vu que les premiers habitans de Saint-Denis avaient fait élever une clôture autour de l'abbaye, pour se mettre à l'abri des invasions des Normands et se soustraire à leur fureur; que, dans cette enceinte, on y construisit beaucoup de maisons, d'églises et de chapelles, et les nombreux priviléges accordés à la ville de Saint-Denis par les rois de France : toutes ces circonstances y ayant attiré une grande population, contribuèrent à former peu à peu une ville, que la puissance, le monastère et les immenses richesses rendirent très-célèbre.

Les deux fils, et les successeurs de Clovis étaient en guerre avec l'Espagne, et l'un d'eux, Childebert assiégeait Saragosse. Les malheureux habitans, pour faire lever le siége, lui offrirent quelques reliques, et notamment, une tunique qu'ils disaient avoir appartenu à saint Vincent, diacre et martyr(1). Leurs vœux furent comblés.

Fier de cette conquête, plus qu'il ne l'aurait été de celle de toute l'Espagne, ce prince retourna dans ses états, et pour placer sa tunique convenablement, il fonda en 558, en l'honneur du saint martyr, une superbe abbaye qui en porta le nom pendant près de deux siècles, mais qui prit ensuite celui de Saint-Germain-des-Prés. D'après nos anciens historiens, cette abbaye était une merveille. Sa voûte, suivant eux, était ornée de lambris dorés, ses murs enrichis de peintures à fond d'or, ses colonnes étaient en marbre et le pavé était en mosaïque. Rien enfin n'y était épargné (2).

A sa mort, Childebert fut inhumé dans ce monastère, et après lui, sa femme Ultrogote; Chilpéric Ier et Frédégonde, sa femme; Clotaire II et la reine Bertrude; enfin, Childéric II, Blitilde, sa femme, et leur fils Dagobert. Mais presque tous ces tombeaux furent pillés par les Normands.

Cette église de Saint-Germain reçut dès-lors la dépouille mortelle des rois de Paris.

---

(1) Saint Vincent de cette église reçut la couronne de martyr en 505 à Valence.

(2) Montfaucon, *De la Monarchie Française*.

Quatre-vingts ans plus tard, Dagobert, piqué d'émulation, voulut fonder une abbaye, qui, ainsi qu'on l'a vu, devint bientôt plus célèbre que l'autre, par les immenses richesses dont il la combla, « non-seulement en or et en pierre- » ries, mais en terres et en possessions (1). » Les mêmes motifs qui, jusqu'au jeune Dagobert, avaient fait servir de sépulture le couvent de Saint-Vincent au premier monarque de la premièr race, firent inhumer Dagobert à Saint-Denis. Cette innovation fut fatale à Saint-Vincent (depuis Saint-Germain-des-Prés).

De cette époque, les sépultures royales ne se firent plus dans cette dernière église, et l'abbaye de Saint-Denis reçut cinq rois de la première race, six de la seconde, ainsi que presque tous ceux de la troisième, et un très-grand nombre de princes, princesses et autres personnages plus ou moins illustres.

Mais hélas! tous ces tombeaux ont été successivement et horriblement pillés dans plusieurs circonstances malheureuses où la France s'est trouvée.

Pendant leurs quatre-vingts années de brigandages, les Normands n'ont-ils pas par trois fois bouleversé et l'abbaye de Saint-Denis, et le

(1) Montfaucon. *Précité*.

monastère, ainsi que l'église de Saint-Vincent. C'est aux tombeaux que ces monstres s'attachèrent le plus, croyant qu'ils renfermaient des trésors; peu échappèrent à leur affreux vandalisme. Eh! de nos jours, grand Dieu!..... Je m'arrête.... Plus tard on ne lira pas sans frémir d'horreur l'historique des profanations, plus odieuses encore, qui se commirent en 1793, dans les tombeaux de nos rois et de tant d'illustres personnages.

§ V. — CONTINUATION DE L'HISTOIRE DE LA VILLE DE SAINT-DENIS, A PARTIR DU 9ᵉ SIÈCLE.

Au neuvième siècle, depuis que l'abbé Fardulfe avait fait ériger à Saint-Denis un palais pour Charlemagne, ainsi qu'on l'a vu plus haut, les rois de France en faisaient souvent leur résidence. On vit Charles Iᵉʳ y assister plusieurs fois à des cérémonies religieuses. « On lit, dit Dou-
» blet, du roi Robert qu'il y tenait chœur en
» chappe de soye, avec son sceptre, le jour de
» Saint-Hyppolite. » Mais craignant d'être à charge aux religieux, le jour des grandes fêtes le roi n'y vint plus. Son petit-fils, Philippe Iᵉʳ, voyant que le palais où Robert avait logé devenait inutile, il le donna à l'abbaye.

A cette époque, tout ce qui était construit au-dehors des remparts de la ville, et qui formait les faubourgs de Saint-Denis, était plus considérable que la ville. Ceux du côté de l'ouest s'étendaient jusqu'au bord de la Seine, et même jusqu'au château qu'on nomme aujourd'hui *la Briche* (hameau dont je parlerai plus bas), et du côté de l'Est ils s'avançaient jusqu'au-delà de la porte de Saint-Remi; ils s'étendaient encore vers le sud dans la plaine entre la ville et Aubervilliers.

Cette ville s'accrut considérablement du côté de Paris sous Philippe-le-Bel, ce qui fit dire que du temps de Charles V elle avait une trop grande étendue pour être gardée facilement. Alors elle fut rapetissée. Cela doit s'entendre principalement de l'étendue qu'elle avait alors du côté de l'église Saint-Remi, où, du temps de Lebeuf, on ne voyait plus de maisons depuis long-temps, mais seulement des restes de fossés (1). Il en est fait mention dans un réglement de 1368, fait par l'abbé de Saint-Denis au sujet du commerce de draperie qui se faisait dans la ville, et dont je parlerai ci-après.

On a vu ce qui a été dit au sujet de l'invasion des Normands: l'enceinte de la ville était alors petite; depuis son agrandissement elle fut, ainsi

---

(1) Lebeuf, *Dioc. de Paris*, t. 3, p. 241.

qu'on va le voir, en proie aux Anglais sous Charles VI et Charles VII.

Charles-le-Mauvais, roi de Navarre, sous le règne du roi Jean II, en 1358, s'étant soulevé contre le régent (depuis Charles V), devint très-suspect. Sorti de Paris il se retira avec ses troupes navarraises et anglaises, et mit le trouble dans la ville de Saint-Denis. Dès qu'il s'en éloigna elle fut horriblement ravagée par ses troupes. Deux ans après il revint à Saint-Denis auprès du roi Jean, qui le reçut dans l'église; là, au pied de l'autel, Charles lui jura sur la croix, serment de fidélité.

Après avoir soumis sous Charles VI tous les environs de Paris, le parti d'Orléans se précipita devant Saint-Denis; mais y ayant éprouvé quelque résistance, il fut fait entre lui et le commandant de la ville, une capitulation honorable; mais bientôt, abandonné de la fortune, le duc d'Orléans se vit forcé de lever le blocus de la capitale, et les siens, qui savaient que la reine avait déposé une partie de ses trésors dans l'église, voulant s'en emparer, forcèrent les religieux à leur livrer ce dépôt. Quant aux moines, ils cachèrent si bien leurs propres trésors, que les ravisseurs ne purent les découvrir.

Plus tard, la ville de Saint-Denis étant au

pouvoir des Anglais, ainsi qu'une partie du royaume, les Armagnacs en prirent possession la nuit du 1er mai 1435, ce qui empêchait les approvisionnemens d'entrer dans Paris. A l'exception des murs de l'abbaye de Saint-Denis la ville fut entièrement démantelée.

Le parti des Armagnacs s'étant approché des portes de la capitale, ravageait et tuait tout ce qu'il rencontrait de Parisiens, et commettait, même sur les femmes, les plus horribles atrocités; mais Charles VII, animé par ses succès qui l'amenèrent aux portes de Paris, ne cessait de regretter Saint-Denis, qui fut repris par les Français le premier juin de la même année. Ainsi cette ville, de 1430 à 1435, changea de maîtres trois ou quatre fois.

Les Anglais revinrent encore, à la fin du mois d'août suivant, assiéger Saint-Denis; ils pillèrent tous les villages environnans, tels que Saint-Ouen, Aubervilliers, la chapelle Saint-Denis, etc., ils emportèrent tout ce qu'ils purent y trouver. D'après le Journal de Paris de cette époque, « il n'y demeura ni portes, ni fenêtres, ni treillis de fer; ils coupèrent les vignes, et emportèrent tous les légumes. » Les Armagnacs, armés de canons, se défendaient et faisaient de fréquentes sorties. Mais le 24 septembre, vivement harcelés, ils demandent à capituler, lorsqu'ils apprennent que Meulan est tombé au pouvoir de leur parti ; dès-lors la négociation offrant plus de difficultés, ils obtiennent, qu'en sortant de Saint-Denis, ils emporteront tout ce qu'ils pourront enlever. Leur départ eut lieu le 4 octobre.

Cependant, en 1436, les gouverneurs anglais envoyèrent encore huit cents hommes ravager les villages de Paris à Saint-Denis; parvenus jusqu'à cette malheureuse ville, ils entrent dans l'abbaye et profanent les reliques pour avoir l'or et l'argent des reliquaires.

« Un grand Ribault, dit l'auteur du journal » précité, regardait un prêtre qui disait la » messe, et la trouvant trop longue, il sauta sur » le célébrant, prit le calice et les corporaux et » s'enfuit. »

Mais, bientôt poursuivis par les troupes d'un seigneur de l'île Adam, qui sortent avec lui de Pontoise, les Anglais tombent sous leurs coups. Deux cents d'entre eux, poursuivis de même à outrance, cherchent en vain un refuge dans une tour qu'on nommait *la tour du Velin*; mais ils n'y restent pas long-temps; cette tour étant prise d'assaut le 13 avril 1436, tous sont impitoyablement massacrés.

Les habitans de Saint-Denis, accablés de tant d'infortune, ayant exposé leur cruelle position, causée par le terrible fléau de la guerre, Charles VII, touché de leur sort trop malheureux, les exempta de tout impôt en 1437 pour les vivres qu'ils conduisaient par terre et par eau, et de prises, c'est-à-dire, de fourniture de la cour.

Louis XI, en 1482, accorda de très-grands priviléges à ceux qui voudraient se retirer dans cette ville qui était entièrement ruinée, afin de la repeupler, et les exempta même de tous subsides; ce qui fut continué par Charles VIII.

En 1561, la ville fut prise par les calvinistes, qui s'y établirent et s'emparèrent de l'abbaye, où ils séjournèrent quelque temps; mais y étant rentrés de nouveau, en 1567, ils y commirent les plus affreux dégâts.

On sait qu'à cette époque Paris était assiégé de toutes parts, que le connétable de Montmorency finit son illustre et longue carrière, sous les murs de la ville, dans la mémorable bataille de Saint-Denis, et que deux partis y éprouvèrent, réciproquement, des pertes considérables qui n'amenèrent aucun résultat (1).

Les calvinistes, qui restèrent toujours cantonnés à Saint-Denis, et qui se tenaient toujours

---

(1) Voyez ce que j'ai dit à ce sujet 1re partie, p. 258 et 259, et la gravure.

sur la défensive, voyant accroître, de jour en jour, l'armée catholique, et craignant d'être enveloppés, s'empressèrent d'abandonner cette position cinq jours après la bataille.

En 1590, la ville de Saint-Denis fut remise au pouvoir de Henri IV. Elle fut encore reprise par le chevalier d'Aumale, mais bientôt elle rentra sous l'autorité du roi.

Pour alimenter les habitans de Paris, pendant la famine qui y régnait alors, les seigneurs enlevèrent du trésor plusieurs pièces de grand prix, parmi lesquels, se trouvait un crucifix d'or, pesant dix-neuf marcs dix onces, qui furent portées à la monnaie, et aussi une couronne d'or, pesant dix marcs dix onces.

C'est en 1593, le dimanche 25 juillet, que Henri IV abjura le protestantisme à Saint-Denis.

Des événemens bien désastreux, qui eurent lieu au temps de la Fronde, accablèrent encore Saint-Denis. Assiégée par le prince de Condé, cette ville fut contrainte de capituler, mais le roi y ayant expulsé de nouveau Mazarin, Louis XIV fit sa rentrée sans obstacle dans sa capitale.

Après tant d'événemens si déplorables, la ville de Saint Denis avait perdu beaucoup de son ancienne étendue. Voici ce que dit Doublet

à ce sujet : « De tout ce qu'elle avait de son an-
» tiquité, vers la rivière de Seine, Sainct-Ladre,
» et les fauxbourgs de ce costé-là : en après du
» costé de la porte Saint-Remy jusques au pont
» de l'infirmerie avec le faubourg, puis en
» embas, tout ce qui estait à la grande mai-
» son de Seine, encore de l'autre part, ce qui
» s'estendait vers le village d'Haulbervilliers, et
» finalement, vers Paris, le faubourg de Saint-
» Quentin, avec le bourg Saint-Marcel ; de tout
» cela, il n'est demeuré, ny resté aucune
» marque, ny vestige qui s'en puisse reco-
» gnoistre (1). »

Cependant par la description historique que je vais continuer, on va voir que cette ville n'était pas encore sans importance.

D'abord, elle était le siége d'un bailliage qui ressortait immédiatement du parlement de Paris, et ensuite, indépendamment de l'abbaye de Saint-Denis, il y avait un chapitre, sous le titre de Saint-Paul ; une grande quantité de couvens, d'églises et autres lieux qui attiraient un grand concours de monde.

(1) Doublet, *Histoire de l'Abbaye de Saint-Denis*, p. 400.

§ V. — DESCRIPTION DES ÉGLISES, DES COUVENS-MONASTÈRES ET DES COMMUNAUTÉS RELIGIEUSES QUI EXISTAIENT DANS LA VILLE DE SAINT-DENIS.

Art. 1er. — Saint-Denis de l'Etrée (c'est-à-dire du grand chemin).

L'origine de cette église, qui existait dès le huitième siècle, est ignorée; il paraît qu'elle n'était alors qu'une cure pour une partie des habitans de l'ancien *Catolacum*. Cette église était située sur la route romaine de Pontoise à Paris, ce qui la fit appeler de l'Étrée (en latin *de strata*), pour la distinguer de la grande église. Un auteur du neuvième siècle prétendait que c'était le lieu où les corps des saints martyrs Denis, Rustique et Eleuthère avaient été inhumés. Mais ce fait a été reconnu fabuleux même par les bénédictins (1).

Un moine inconnu, qui écrivait au même siècle, crut que les trois cénotaphes qu'il voyait en cette église avaient été construits pour perpétuer le souvenir d'une translation faite des corps des saints martyrs à la grande église, tandis qu'au contraire ils avaient été érigés en mémoire de ce que, dit Lebeuf (2),

---

(1) Félibien, *Histoire de Saint-Denis*.
(2) *Hist. du Dioc. de Paris*, t. III, p. 209.

une partie de leurs vêtemens avait été transportée de la basilique à cette église. L'opinion vulgaire se trouvant appuyée de l'écrit de ce moine, fut cause, lorsque sous le roi Robert l'on rebâtit cette église, qu'on fit sculpter, sur quelques chapitaux et autres décors ornant les piliers, plusieurs traits fabuleux de la fuite de Dagobert en cette église. A en juger par des vestiges de sculptures qui existaient aux piliers, on peut croire que ce fut Robert qui la fit rebâtir.

La plus grande partie de cet édifice paraissait être du treizième siècle.

En 1577, le 22 mai, le prieur de cette église fit faire quelques fouilles vers le sanctuaire. On y voyait les figures des saints Denis, Rustique et Eleuthère, couchées au milieu de la nef qui paraissait être du même siècle. Sous ces figures, on trouva trois petits tombeaux de pierre blanche d'un pied de long, sur le dessus était gravée une croix; ils renfermaient chacun un coffret de plomb carré, scellé de plâtre. On lisait de même sur chacun l'inscription que voici: « *Reliquiæ de vestimentis et pulvere S. S. martyrum Dionisii, Rustici et Eleutherii* (1). »

(1) Dubreul, lib. IV, p. 846.

On ignore à quelle époque cette église devint un prieuré. Dès la fin du dixième siècle, il y avait des religieux; c'était alors une maison de santé pour l'abbaye de Saint-Denis. On croit que l'abbé Suger y établit douze religieux qui étaient tenus d'entretenir trois juifs convertis; mais au siècle suivant, le pape Grégoire IX les en dispensa.

Ce prieuré devint par suite sujet aux commendes. Le dernier prieur commendataire, ambassadeur de Malte auprès du roi, consentit en 1726, qu'après sa mort, le revenu de ce prieuré, qui était de 4,000 fr., serait réuni au chapitre de Saint-Paul, dont je parlerai ci-après. Depuis cette époque, non-seulement la réunion a été faite, mais le chapitre même y a été transféré.

Ce prieuré a été vendu en 1793; l'église a été démolie, à l'exception d'un mur latéral sur lequel on remarque encore la forme des niches qui y étaient adaptées. Ce mur sert de fond aux nouvelles constructions qu'on y a élevées. On a fait bâtir, sur le terrain qui en dépendait, une charmante habitation; le potager des religieux est transformé en un très-joli jardin d'agrément. Le terrain contient cinq arpens: le mur de clôture d'une très-grande épaisseur est le même qui existait en 1793. On aperçoit encore à une des encoignures la partie d'une petite tourelle. On voit encore à gauche à l'entrée de la maison le puits où la patrone de Paris (sainte Geneviève) venait puiser de l'eau. l a toujours été nommé le *puits de Sainte-Geneviève*.

Art. 2. — Saint-Martin de l'Etrée.

Cette église, qui peut avoir existé dès le cinquième siècle, et qui par la suite a pu être desservie dans celle de Saint-Denis-de-l'Étrée, était placée tout à côté de cette dernière, et n'était séparée d'elle que par une ruelle qui existe encore, laquelle servait de clôture au cimetière de l'église de Saint-Martin.

Il est presque certain que les premiers habitans de l'ancien *Catolacum* ont été établis sur la chaussée romaine, dite de *strata*; mais on ignore l'époque où l'église fut érigée en paroisse; elle n'était, probablement, dans son origine, qu'un autel particulier de Saint-Martin dans la petite église de Saint-Denis de l'Etrée, qui fut long-temps desservi par un prêtre de cette église; mais on présume que, depuis qu'il y eut une commende de moines établie à cette dernière église, et que le nombre des habitans étant augmenté, au lieu d'un simple autel, on y bâtit une seconde église, d'un style gothique, sous l'invocation de saint Martin, attenant à celle de Saint-Denis de l'Etrée, dont la desserte fut donnée à un religieux de cette église.

« Ce qui reste de connu à ce sujet, d'après
» Lebeuf, est qu'en l'an 1207, Eudes de Sully,
» évêque de Paris, déclara qu'Henri Troon,
» abbé de Saint-Denis, avait droit d'y présen-
» ter, et qu'en 1211, Pierre de Nemours, aussi
» évêque de Paris, reconnut la même chose(1). »
Il est mention de ce droit de nomination dans le pouillé parisien du quinzième siècle.

En 1545, le 9 octobre, l'évêque de Mégare, d'accord avec l'évêque de Paris, bénit une portion de terre pour augmenter le cimetière de Saint-Martin de l'Etrée.

Dans le commencement du dix-huitième siècle, une paroisse de la Madelaine y fut réunie.

En 1793, l'église de Saint-Martin a subi le même sort que la précédente; il n'en reste aucun vestige; son emplacement et le terrain qui en dépendait, le cimetière par exemple, était séparé, par un mur, de celui de Saint-Denis de l'Etrée; il est entièrement couvert de maisons appartenant à divers particuliers.

(1) *Hist. du dioc. de Paris*, t. III, p. 242.

Art. 3. — Saint-Marcel (bourg et église).

Je suis contraint de donner un peu d'étendue à la description de cette église étant la paroisse du territoire. Dans son origine, elle n'avait aucune relation avec l'abbaye, et, d'après l'opinion de Lebeuf, elle était antérieure, quant à sa première fondation, au règne de Dagobert. Cette église n'était point sous l'invocation de saint Marcel, évêque de Paris, mais sous celle d'un autre saint Marcel, martyr, de Châlons-sur-Saône, mort le 4 septembre 179.

Le roi Gontran, ainsi qu'on l'a vu plus haut, avait en ce lieu une maison de campagne dans le temps qu'il possédait son tiers dans Paris, et où il ne pouvait entrer que de l'aveu de ses frères, Sigebert, roi d'Austrasie, et Chilpéric, tous les deux possesseurs des deux autres tiers.

Il paraît, d'après Grégoire de Tours, sur les mouvemens du roi Sigebert (1), que ce fut aux environs de Saint-Denis, où les soldats de ce

---

(1) Grégoire de Tours, *Hist.*, lib. 1er. — *De Glossa Martyr.* cap. 72.

dernier roi avaient commis quelques vols, qu'il fit passer la Seine à ses troupes allemandes, d'accord avec Gontran, pour aller contre leur frère Chilpéric, ce qui convenait au territoire de Saint-Marcel, d'après la grande dévotion que Gontran portait à ce martyr. A l'époque où saint Germain était évêque, Gontran jouit de Paris par indévis avec ses frères. Ce roi lui survécut 17 ans, et mourut en 593 le 28 mars. Il est le premier de nos rois qui ait été mis au rang des saints, malgré les exécutions cruelles qu'il fit; mais il mérita cet honneur par son amour pour la paix, son zèle pour la religion et la justice, et ses libéralités envers les malheureux.

Son neveu, Clotaire II, eut pour fils Dagobert, à qui les maisons royales situées sur la rive droite de la Seine appartinrent, telles que celles de *Clichy*, de *Saint-Ouen*, de *Catolacum* et d'*Epinay*. « Mais, dit Lebeuf, comme ces
» maisons étaient voisines les unes des autres,
» et que, depuis Clovis, il n'est plus marqué
» que nos rois eussent une maison près du mo-
» nastère jusqu'au règne de Charlemagne, il
» est à croire que ce fut dans cet intervalle que
» l'un de ces princes se dépouilla d'une de ces
» maisons, donnant à l'évêque de Paris la partie
» du village *Catolacum*, depuis appelée Saint-

» Marcel, du nom de l'église qui y était (1). »

D'après le même auteur, s'il y a lieu de croire que les évêques de Paris possédaient, dès le septième siècle, la terre de Saint-Marcel ou de *Catolicanum*, il faut penser qu'il la donnèrent quelque temps en fief à plusieurs grands seigneurs.

Dans le premier livre des miracles de saint Denis, il est question d'un comte Bertrand, dont on croit que le vrai nom était Bertcaud. Voici ce qu'on y lit : « Ce comte, pour avoir causé » du dommage par ses bêtes de charges dans le » pré de l'abbaye, voisin du pont de Trécines, » situé au delà de Saint-Denis de l'Etrée, fut » puni, de Dieu, de mort subite dans ce pré » même. » Et il ajoute : « que son corps fut in- » humé dans l'église de Saint-Marcel, hors l'en- » ceinte du monastère (2). »

Cependant, vers l'an 1000, nos rois possédaient encore quelques revenus à Saint-Marcel. Ce fut vers ce temps-là que le droit, *furnum de sancto Marcello*, c'est-à-dire, du four banal, qui était un droit seigneurial, fut donné par le roi Robert aux clercs de Saint-Paul, du bourg de Saint-Denis (3).

(1) Lebeuf, tome III, p. 214.
(2) *Sœc. Bened.*, III, part. II, p. 546.
(3) *Constit. Sugerii abud*, Duchêne, t. IV, p 555.

Par suite des abus introduits par Charles-Martel, ou pendant les guerres des Normands, un seigneur de Montmorency, nommé Bouchard, possédait, à la fin du même siècle, la terre de Saint-Marcel, et l'église même était à sa disposition; mais, s'étant désisté entre les mains de Galon, évêque de Paris, du droit d'y pourvoir, ce prélat nomma en 1110 un prieur de Deuil, qui dépendait de Saint-Florent de Saumur (1), preuve qu'il ne cherchait pas à faire plaisir à l'abbé de Saint-Denis. Pourtant, quelques serfs du monastère faisaient leur demeure à Saint-Marcel. Suger, en 1125, les exempta d'une certaine redevance, ainsi que ceux du bourg de l'abbaye.

En 1132, Mathieu de Montmorency étant à Deuil, gratifia un abbé de Saint-Victor, à Paris, nommé Gilduin, et son église, de cent sous parisis de rentes sur la terre de Saint-Marcel, située près du château de Saint-Denis(2).

Au douzième siècle, il y avait aussi dans le bourg de Saint-Marcel des écoles particulières, qu'en 1218 les religieux voulurent empêcher; mais les seigneurs de Montmorency soutenant

---

(1) *Preuves de l'Hist. de Montmorency*, p. 35.
(2) *Idem*, p. 40.

qu'il y en avait toujours eu, en prirent la défense (1).

Le voisinage faisait que les bestiaux des moines entraient sur la terre de Saint-Marcel, comme il était arrivé 400 ans auparavant, dans le temps du comte Bertrand, ce qui fut la cause d'une dispute qui finit par un compromis.

D'après Lebeuf, il paraît que la nomination à la cure d'Aubervilliers, qui avait commencé par n'être qu'une succursale, ainsi que l'île Saint-Denis, appartenait aux prêtres de Saint-Marcel, ce qui prouve la grande étendue qu'avait cette paroisse ou *Catolacum*.

La proximité du bourg de Saint-Marcel de celui de Saint-Denis contrariant beaucoup les religieux, ils parvinrent, en 1294, du temps de l'abbé Regnault, à acquérir cette terre par échange, en donnant à Mathieu de Montmorency un domaine à Deuil, l'étang près et sous Montmorency, la terre de Mazières, un pré, un moulin, sis à Ormesson, et, ajoute Félibien, des biens situés à Grolay et à Saint-Brice (2).

En 1402, il y eut un procès aux enquêtes entre l'évêque de Paris et Jacques de Montmorency, sur ce que cette terre de Saint-Marcel,

(1) *Preuves de l'Hist. de Montmorency*, p. 84.
(2) Félibien, p. 285, et *Preuves de Montmorency*, p. 158.

que ses ancêtres avaient possédée, était tenue en fief de l'évêque de Paris et obligée de lui rendre hommage (1).

Tous ces détails précédens fatigueront peut-être mes lecteurs, mais ils m'ont paru nécessaires pour détromper ceux qui croient que la ville de Saint-Denis, aussi étendue qu'elle était dans le commencement du dix-huitième siècle, avait toujours appartenu à un seul et même seigneur.

Les habitans de Saint-Marcel, depuis que les abbés de Saint-Denis eurent acquis leur territoire, étaient tenus de donner un cheval harnaché à chaque nouvel abbé.

Quant à l'église de Saint-Marcel, elle était regardée, à la fin du dix-huitième siècle, comme une des plus belles de toutes les églises paroissiales, renfermées dans l'enceinte de la ville. Cet édifice, qui paraissait construit au treizième siècle, était assez vaste, mais presque sans ornemens de sculpture.

Sa dédicace, d'après une inscription en lettres gothiques existant alors dans cette église, fut célébrée en 1451, par Guillaume Chartier, évêque de Paris.

---

(1) NOTA. Voir pour plus de renseignemens : *Hist. de Saint-Denis en l'an* 1599, p. 546.

Cette cure, au quinzième siècle, payait à l'évêque de Paris la somme de *dix livres dix sous*, pour le droit de visite et de procuration, ce qui était alors considérable. Aussi est-il spécifié, dans le pouillé du quinzième siècle, que son revenu était de *cent livres*. On croit que c'est la première église, à l'occasion de laquelle le terme de *curé* ait été employé pour signifier le prêtre du lieu (1).

Les pouillés de Paris font mention de deux chapelles d'un revenu considérable, situées dans cette église, l'une à l'autel N. D. et l'autre à l'autel de saint Pierre, *duæ bonæ capellæ* (terme du pouillé, manuscrit du quinzième siècle). Il y est dit que la dernière fut dotée de vingt-quatre livres de rentes par Robert Potier (2).

Ce qui est digne de remarque, c'est que dans cette église de temps immémorial, on y conservait les corps de deux saints, l'un appelé saint Bets (en latin Betisus), maçon de profession, il était habitant du lieu et mourut vers le huitième siècle; l'autre, saint Vital; il était un de ces saints dont les corps ont été retirés, dans

---

(1) *Preuves de l'Hist. de Montmorency*, p. 93.
(2) *Idem*, p. 59 et 60.

le même siècle, des prieurés qui dépendaient de l'abbaye.

En 1725, le curé de cette paroisse obtint l'autorisation de donner en échange, au chapitre de Saint-Paul, la châsse en bois qui contenait les ossemens de saint Bets contre un demi-vertèbre du dos de saint Marcel, patron de cette paroisse.

En 1793, cette église qui, ainsi qu'on l'a vu, était un très-bel édifice, n'a pu échapper à la destruction qui était à l'ordre du jour : démolie entièrement, les annonciades, dont le monastère était situé à gauche en entrant dans la ville par la porte de Paris, et dont je parlerai ci-après, ayant été contraintes d'abandonner leur couvent, achetèrent les terrains sur lesquels étaient élevés l'église et le presbytère de Saint-Marcel. Ce sont ces dignes religieuses qui, elles-mêmes, ont fait construire le couvent et tous les bâtimens qu'on y voit, et qui firent ériger une chapelle dont l'entrée, d'après l'ordre de l'archevêque de Paris, est ouverte aux fidèles. Ces religieuses cloîtrées sont au nombre de dix-neuf, la supérieure comprise. Madame Jougond, supérieure actuelle, a succédé à madame de Chevalet, née d'une famille noble.

Ce couvent est situé rue Franklin, en face la petite rue Saint-Marcel.

On a bâti sur la partie du terrain qui provenait de Saint-Marcel, et qui était sur la grande rue de Paris, plusieurs maisons particulières.

Art. 4. — Sainte-Croix.

Cette église n'était, à ce qu'il paraît, que l'un des démembremens qui furent faits de la paroisse Saint-Marcel qui avait trop d'étendue.

Il y a lieu de croire, d'après la bulle du pape Adrien IV, qui commença à siéger en 1154, au rapport de Doublet, que cette église dépendait de l'abbaye.

Au commencement du quatorzième siècle, il existait des difficultés entre l'évêque de Paris et les religieux de Saint-Denis sur la propriété et la justice du territoire de Sainte-Croix. Il fut jugé par enquête au parlement de la Saint-Martin de l'an 1318, que l'évêque aurait la basse justice sans rien statuer sur la propriété(1).

Au quinzième siècle, d'après un pouillé manuscrit du seizième, et celui imprimé en 1626, la nomination de la cure, qui n'était peut-être qu'une succursale, et celle d'une chapelle de

---

(1) Lebeuf, *Hist. du Dioc. de Paris*, t. III, p. 222.

N.-D., située dans l'église, fut donnée à l'évêque.

Cette église de Sainte-Croix fut dédiée sous cette invocation, le 5 juillet 1537, par l'évêque de Calcédoine, d'après la permission du cardinal du Belay, évêque de Paris. Quoiqu'elle n'ait été dédiée que sous François Ier, il y avait environ deux cents ans qu'elle était érigée, ce que prouvait son genre de construction.

En 1793, le 26 février, l'église et le cimetière furent adjugés à M. Deblesson, de Saint-Denis. Par suite de la loi qui défend de fouiller à fond les cimetières avant dix années révolues, du jour où on a cessé les inhumations, M. Deblesson, ne pouvant de suite utiliser le terrain par des constructions, en laissa le soin à son fils pour en faire des magasins, qui y ont existé jusqu'en 1811. Alors, de cette époque, sans démolir l'église, elle fut transformée intérieurement en salle de spectacle, jusqu'en 1828, où elle fut entièrement abattue pour élargir à cet endroit la grande rue de Paris. Après avoir pris des alignemens à cet effet, on construisit sur cet emplacement le théâtre que l'on voit aujourd'hui, sur le modèle de celui des Variétés, à Paris, et par les soins de M. Féry, architecte.

Art. 5. — Églises qui étaient renfermées dans ce qui composait le territoire de Saint-Denis et qu'on appelait *Castrum sancti Dionisii*.

Dans ce lieu de Saint-Denis, où je ramène l'observateur, il existait une quantité de maisons et d'églises qui formaient un bourg, à l'exclusion des habitans de celui de Saint-Marcel et de Saint-Denis-de-l'Étrée. Ce bourg était entouré de murs.

Art. 6. — Saint-Pierre. — Discussion relative à saint Denis l'aréopagite, et saint Denis évêque de Paris.

Cette première église, qui fut élevée sous cette invocation, était très-peu distante d'une tour de l'église de l'abbaye de Saint-Denis. Elle fut construite afin de conserver un autel que le pape Etienne II avait fait élever au saint apôtre en mémoire de la guérison miraculeuse d'une maladie dont il avait été atteint dans ce monastère, en 754, lorsqu'il vint trouver le roi Pepin.

Cette église étant très-près de celle de Saint-Denis, on disait : saint Pierre et saint Denis avec ses compagnons, afin de désigner les patrons du monastère.

Comme au neuvième siècle, on croyait assez communément que le saint Denis, apôtre de Paris, était l'aréopagite converti par saint Paul dans Athènes, et comme encore on séparait rarement saint Paul d'avec saint Pierre, on fit bâtir dans le même temps une église en l'honneur du premier près de Saint-Pierre.

Saint Denis l'aréopagite.

On a beaucoup discuté, et même beaucoup d'historiens anciens et modernes ont dit et écrit que saint Denis l'aréopagite et saint Denis, évêque de Paris, étaient le même. Voulant autant que possible prouver le contraire, je donne ici une relation succincte qui doit fixer irrévocablement l'opinion à cet égard.

Saint Paul, juif converti à la religion chrétienne, l'an 34 de notre ère, fut conduit par ses amis, en l'an 52, dans la ville d'Athènes, qu'il trouva livrée à l'idolâtrie. Il discuta dans les synagogues et même dans les places publiques avec les Juifs et les prosélytes de la nouvelle religion. Les uns disaient: « Que veut » dire ce discoureur? » D'autres répondaient: « Il semble annoncer de nouveaux dieux. »

En effet, il annonçait Jésus et la résurrection. Ils prirent Paul avec eux et le conduisirent à l'aréopage. « Pouvons-nous savoir, lui dirent-» ils devant les Juifs, quelle *est* cette nouvelle » doctrine que vous publiez? » Ils écoutèrent donc avec attention le discours que Paul leur tint au milieu de l'aréopage. Ses paroles les étonnèrent beaucoup, surtout lorsqu'il leur parlait de la résurrection des morts. Plusieurs s'en moquèrent. Saint Paul sortit, mais il distingua ceux qui l'avaient écouté avec plus d'intérêt.

Un grand nombre s'attachèrent à l'apôtre du christianisme et le crurent. Ce fut un grand événement pour la religion que la conversion d'un juge du souverain tribunal d'Athènes. Denis fixa l'attention des chrétiens, et saint Paul, d'après les martyrologes, le nomma évêque d'Athènes.

Ce saint Denis couronna sa vie par un glorieux martyre, après avoir rendu un illustre témoignage de sa foi et souffert d'horribles tourmens. On place généralement son martyre sous Domitien, vers l'an 95 (1).

(1) *Mémoires pour servir à l'Hist. ecclésiast.*, par Tillemont, p. 122 et 125.

Cette histoire de saint Denis l'aréopagite est appuyée par les récits de saint Luc, d'Aristide et de Denis de Corinthe, auteurs presque contemporains.

On voit déjà, par ce que je viens de dire, que saint Denis l'aréopagite n'a pu être saint Denis, évêque de Paris.

Saint Denis de Paris.

Saint Denis existait dans le troisième siècle de l'ère chrétienne. L'histoire de sa vie est écrite dans quatre anciens auteurs, savoir : saint Saturnin, saint Grégoire de Tours, Fortunat et Usuard. Les deux premiers font connaître que saint Denis fut envoyé dans les Gaules sous l'empire de Décius; qu'il fut évêque de Paris, qu'il y souffrit le martyre et qu'il y fut décapité. Ces auteurs écrivaient en l'an 500, 50 ans après l'événement. Les actes de saint Saturnin sont extraits des registres publics, ainsi qu'il le témoigne lui-même. Fortunat décrit le martyre de saint Denis de Paris. Usuard, religieux de Saint-Germain-des-Prés, prétend que saint Denis vint dans les Gaules, qu'il souffrit le martyre à Tournay. Cela n'est pas présumable. Usuard n'avait pas lu la vie de saint

Saturnin, ni remarqué ce qu'en rapporte Grégoire de Tours (1).

On a cherché à tort à nier l'existence de saint Denis. N'a-t-on pas bâti en son honneur une église à Paris? Il y avait donc au temps de nos anciens historiens une basilique à Paris consacrée à saint Denis, et l'existence d'une autre à Bordeaux en son honneur. Un écrivain célèbre par son érudition, mais séduit par le système d'une religion universelle à laquelle il voulait ramener les autres, a fait différens rapprochemens à l'aide desquels il est allé jusqu'à nier l'existence de saint Denis. Il observe d'abord que saint Denis ou *Dionusos*, qu'on prononce en grec *Dionizos* (2), était le nom que les Grecs donnaient à Bacchus, appelé par les latins *Dionizius* et *Liber*, qui se traduit en grec *Eleutheros*. Il ajoute encore que les fêtes d'automne, célébrées en l'honneur de Bacchus, s'appelaient *Rustica*. De là il conclut que le calendrier payen devait désigner ces fêtes d'automne sous le nom de *Festum Dionisii, Eleutherii Rusticum*, et que nos bons aïeux ont traduit *tout bonnement* (c'est l'expression de l'auteur) fête de saint Denis, de saint Eleuthère et de

---

(1) Voyez *Dictionnaire Historique* de Moreri.
(2) *Origine de tous les Cultes*, an III, tome. 3, p. 151.

saint Rustique, faisant ainsi de Bacchus *Dionusos* un évêque, de Bacchus *Eleuthéros* un diacre, et de *Rusticum*, Rustique un prêtre. Ces rapprochemens peuvent séduire au premier coup-d'œil; mais l'effet n'est pas difficile à détruire. En effet, pourquoi le calendrier latin aurait-il préféré l'usage des noms grecs latinisés à celui des noms latins dont les noms grecs n'étaient que la traduction? On lit dans Plutarque que les Romains donnaient à Bacchus le nom de *Liber Pater*, et il en cherche les raisons. Leur calendrier devait donc dire : *Festum Bacchii* ou *Festum liberi Patris*. Aucune raison n'a pu autoriser l'auteur du calendrier à préférer le mot grec latinisé *Eleutherius* au mot latin *Liber*, dont l'autre n'était qu'une traduction barbare. Dans plusieurs circonstances, on voit que Bacchus n'y est appelé que par celui de père libre ou *Liber Pater*. Ainsi l'on voit que Dupuis n'a rien avancé de véritablement solide pour nier l'existence de saint Denis; et de nos jours, Dulaure, qui ne laisse rien échapper quand il est question de semblable négation, s'en est servi dans son *Histoire de Paris*, de manière à fortifier l'opinion ridicule de Dupuis, démontrée fausse jusqu'à l'évidence par Tillemont, dans l'ouvrage cité plus haut, où l'auteur observe qu'Hilduin rapporte dans ses Aréopagitiques beaucoup de particularités sur le martyre de saint Denis, et lui fait souffrir plusieurs tourmens dont il n'est point question dans les actes de sa passion, attribués à Fortunat, actes qui se rapprochent d'avantage du temps auquel vivait saint Denis. On ne peut donc nier son existence. Ce saint apôtre de la France a scellé, par l'effusion de son sang, la foi qu'il a prêchée et qui a été confirmée par un grand nombre de miracles. Les fidèles, dès l'établissement du christianisme, l'ont toujours honoré avec une grande dévotion, et c'est à sa protection que l'église gallicane attribue l'avantage d'avoir conservé le sacré dépôt de la foi dans toute sa pureté. Des peintres voulant faire connaître le genre de son martyre, lui ont mis la tête entre les mains. On lit, dans saint Chrysostôme, cette parole métaphorique, que les martyrs portent leurs têtes coupées entre les mains et les offrent à Jésus-Christ (1). On sait aussi par plusieurs exemples, qu'en enterrant les martyrs, on leur mettait la tête entre les bras (2). J'engage ceux qui

(1) *Chrysostomi oratio*, 40 *primi tomi*, p. 491, a.
(2) *Mémoires pour servir à l'Histoire ecclésiastique*, tome 4, page 72.

voudront avoir plus de renseignemens sur ce que je viens de raconter, d'avoir recours à l'excellent ouvrage de M. le marquis Fortia d'Urban, intitulé : *Examen d'un diplôme attribué à Louis-le-Bègue, roi de France, suivi d'un traité sur saint Denis*.

Suite de la description de l'Eglise de Saint-Pierre.

En 1114, cette église fut cédée aux chanoines établis à Saint-Paul.

L'église de Saint-Pierre devint par suite paroisse; mais ses paroissiens, dans le commencement du dix-huitième siècle, furent réunis à ceux de Saint-Martin de l'Etrée. « J'ai remar-
» qué en 1738, dit Lebeuf, dans le mur du
» fond de l'église de Saint-Pierre par le dehors,
» des colonnes et chapiteaux de marbre qui
» peuvent provenir de la basilique de Saint-
» Denis, que Pepin et Charlemagne avaient
» fait construire, et que Suger démolit en par-
» tie. J'y ai aperçu aussi des piliers de pierre
» construits de la manière dont on bâtissait sous
» le roi Robert (1). »

Une paroisse de la Madeleine, qui existait dans la ville de Saint-Denis, a été réunie à

(1) *Hist. du Dioc. de Paris*, t. 3, p. 225.

l'église de l'abbaye, dans le même siècle, ainsi qu'une autre de saint Jacques de Vauboulon, dite de *Pisterna*.

Il ne reste rien de ces églises de Saint-Pierre et Saint-Paul, qui ont été démolies avant la révolution de 1789.

L'emplacement où elles étaient forme un passage de la place à la porte Saint-Remi.

Art. 7. — Eglise collégiale de Saint-Paul.

L'origine de cette église est ignorée. On sait seulement qu'elle existait sous le roi Robert. Ce prince ayant remarqué la ferveur avec laquelle les ecclésiastiques y célébraient l'office et ayant connu la modicité de leur revenu, détacha plusieurs biens du fisc royal, pour les donner à leur mense, parmi lesquels était le revenu du four banal de Saint-Marcel.

En 1114, Adam, abbé de Saint-Denis, leur fit don de l'église de Saint-Pierre, sous la condition qu'ils viendraient chanter les vigiles de Saint-Denis la nuit de la fête de ce saint, avant celles des moines (1). L'historien (Le Cordelier) qui écrivait la vie de saint Louis, en 1280, fait mention de cet usage.

(1) Duchesne, t. 4, p. 552.

L'abbé Suger, successeur d'Adam, les combla encore de plus de biens; il leur créa des rentes en blé et en vin, avec plusieurs dîmes, et en outre, il réunit à leur église celle de Saint-Jean, qui était plus éloignée. Dans son acte, il regarde saint Paul comme ayant obtenu du ciel que saint Denis fût envoyé dans les Gaules. Il les appelle indifféremment clercs ou chanoines, et leur accorde de grands priviléges.

C'est dans cette église, en 1362, qu'il existait une cloche nommée Chasse Ribaud; on la sonnait à huit heures du soir pour le couvre-feu. Les chanoines avaient cessé de la faire sonner; mais il leur fut enjoint d'en rétablir l'usage, qui existait encore du temps de Doublet (1).

Le pouillé de Paris, du quinzième siècle, donne le détail du clergé qui composait cette collégiale. On voit qu'il n'y avait alors que douze ou treize chanoines et autant de bénéficiers; ce nombre augmenta par la suite. A la fin du seizième siècle, ils étaient constamment dix-huit; mais, en 1698, le 18 juillet, ce nombre fut réduit à douze, et cinq chapelles réunies à la mense, ce qui fut homologué au parlement de 1709, le 7 septembre.

(1) Doublet, p. 999.

Cette église ayant été fort endommagée par les huguenots, ils obtinrent du prieur de Saint-Denis-de-l'Etrée, nommé Bailly de Mesmes, ambassadeur de Malte auprès du roi, qu'après sa mort le revenu du prieuré serait réuni à leur mense. Ensuite, munis de l'agrément du roi, du consentement de Jean-Baptiste le Laboureur, grand-bailli des religieux de l'abbaye, et encore de celui du curé de Saint-Martin-de-l'Etrée, et après plusieurs renonciations et engagemens de leur part, il fut convenu qu'il y aurait un troisième canonicat.

Sur la requête qu'ils présentèrent au cardinal de Noailles, et qui fut admise le 24 décembre 1726, il fut décrété que saint Paul et saint Denis seraient les deux patrons de cette collégiale; par ce moyen, les canonicats de Saint-Paul, qui ne valaient que quatre cents livres, furent considérablement augmentés.

L'office alors se célébra à Saint-Denis-de-l'Etrée, et, deux ans après, l'archevêque permit la démolition de l'église de Saint-Paul.

Art. 8. — Anciennes églises paroissiales de Saint-Denis.

Il existait encore plusieurs autres églises dans l'étendue de la première clôture de Saint-Denis. En voici la description :

Elles étaient au nombre de sept, savoir : La Madeleine, Saint-Jean, Sainte-Geneviève, Saint-Michel-du-Charnier, Saint-Jacques-du-Vauboulon et Saint-Remy, auxquelles il faut ajouter Saint-Michel-du-Gré et Saint-Barthélemy. Elles étaient toutes des églises paroissiales de la ville de Saint-Denis proprement dite.

Art. 9. — La Madeleine.

Il n'y a rien de bien remarquable sous le rapport de ces différentes églises.

Celle de la Madeleine et celle de Saint-Jacques-de-*Vauboulon* (ainsi appelée à cause du nom d'une ferme qui était ainsi nommée) furent réunies dans le huitième siècle, comme on l'a dit plus haut, à celle de Saint-Pierre.

Art. 10. — Saint-Jean.

Cette église date du huitième siècle. Ce fut l'abbé Fardulf, contemporain de Charlemagne, qui la fit ériger près de l'abbaye, par suite d'un vœu qu'il forma en quittant l'Italie, sa patrie [1].

Cette église est au nombre de celles que Suger donna à l'église de Saint-Paul. Ce n'est qu'après

---

[1] Duchesne, tome 2, page 645.

soixante-dix ans environ qu'elle devint église paroissiale et qu'elle fut transferée ailleurs, en 1221, par l'abbé Henri Troon, pour le bien du monastère; mais il laissa aux chanoines de Saint-Paul le droit qu'ils avaient dessus.

Il y a lieu de croire, d'après le pouillé de 1411, que l'église de Saint-Jacques y fut réunie.

L'historien des miracles arrivés au tombeau de saint Louis, en 1271 et 1280, dit qu'il y avait alors à Saint-Denis une église de Saint-Jean où les malades attaqués du *mal saint Jehan* se rendaient la nuit de sa fête (1).

Art. 11. — Saint-Michel-du-Charnier.

Cette église existait dès le douzième siècle. Suger en parle en ces termes : *Plateam quamdam Cimeterio collimitantem juxta Ecclesiam S. Michaelis emeramus* (2).

On présume que son nom lui est venu à cause du cimetière dont elle était voisine. Elle n'offre rien de remarquable.

En 1697, lorsqu'il ne fut plus possible de rétablir l'ancienne église paroissiale de Saint-Léger, à côté de Stains, l'archevêque réunit à la paroisse Saint-Michel les deux feux qui res-

---

(1) Lebeuf, *Hist. du Dioc. de Paris*, t. 5, p. 250.
(2) *Sug. De construct. eccl. Dion.* Duch. t. 4, p. 354.

taient, savoir : le moulin de Romaincourt, appartenant aux religieux de Saint-Denis, et celui de Dosdâne, et le curé fut chargé de payer trois livres par an à l'archidiacre de Paris.

Cette église a été démolie entièrement, et sur son terrain on a construit des maisons particulières.

Art. 12. — Sainte-Geneviève. — Saint-Michel-du-Gré. — Saint-Barthélemy.

L'église de Sainte-Geneviève et une autre de Saint-Barthélemy furent réunies à celle de Saint-Michel-du-Gré ; c'est pour cela qu'on l'appelait simplement *les trois patrons*. On sait que, depuis long-temps, il a existé une chapelle de sainte Geneviève, qui probablement opéra quelques miracles dans le village où elle venait si souvent prier sur le tombeau des saints martyrs.

On a vu plus haut que ce fut par ses soins qu'on érigea, sur ce tombeau, la première église.

En 1627, le 5 avril, on trouva morts et consumés par le feu trois jeunes gens de la ville de Saint-Denis, ce que l'on attribua à une punition du ciel (1).

(1) Mémoire imprimé à Paris, chez Jean Bessin, 1627.

Cette église. *des trois patrons* a servi de théâtre, en 1792 jusqu'en 1797. Les murs existent encore et servent d'ateliers à un menuisier.

Art. 13. — Saint-Remi.

Cette église était de toutes les autres la plus éloignée de l'église abbatiale ; ce qui est constaté par sa reconstruction sur le même emplacement que celle détruite en 1566, pendant les guerres de religion, et 14 ans après sa dédicace célébrée par l'évêque de Laon.

Art. 14. — Chapelles et communautés religieuses qui existaient dans Saint-Denis.

Je n'entrerai dans aucun détail relatif aux différentes chapelles que l'on voyait tant dans l'église abbatiale, que dans les anciens faubourgs de la ville, attendu qu'elles n'offrent rien de curieux ni d'intéressant relativement à leur fondation.

Voici, au surplus, le nom des saints sous l'invocation desquels elles étaient fondées, savoir : saint Lazare, saint Louis, saint Martin, saint Nicolas-du-Pas, saint Pierre et saint Paul.

Une de saint Clément était située dans le dortoir et n'a été reconnue que depuis le dix-huitième siècle. Nous ajouterons que saint Louis, toutes les fois qu'il se trouvait à Paris, ne manquait jamais de se rendre à l'abbaye de Saint-Denis, le jour de la fête patronale du 9 octobre, et qu'il en fit son oratoire (1).

En 1363, Robert II, abbé de Saint-Denis, y fut inhumé. Après la réforme de Saint-Maure, introduite dans l'abbaye, cette chapelle fut démolie, en 1633 (2). Elle avait près de 21 toises de longueur sur 4 toises et demie de largeur.

Art. 15. — Saint-Quentin.

Cette chapelle était située dans la campagne, à gauche du chemin qui conduit à Paris, en sortant de Saint-Denis, à l'époque où l'agrandissement de la paroisse Saint-Marcel formait, de ce côté, une espèce de bourg. Le champ où elle était située se nommait le champ Saint-Quentin. C'est dans la vie de sainte Aure, abbesse à Paris au dix-septième siècle, qu'on y lit que, lorsqu'elle quitta la supériorité, elle se ren-

---

(1) Félibien, *Hist. de Saint-Denis.* — *Vie de saint Louis*, par Guillaume Cordelier.

(2) *Hist. de la vie de Charles VI*, à l'an 1592, p. 225.

ferma dans une cellule proche l'oratoire de Saint-Quentin (1).

On croit que cette chapelle fut bâtie en l'honneur de ce saint martyr, en mémoire de ce qu'il est venu dans les Gaules du temps de saint Denis, et que ce fut sainte Geneviève qui la fit ériger.

Située sur l'ancien *Catolacum*, cette chapelle était plus ancienne de plusieurs siècles que celle de Saint-Clément, qui était construite dans l'intérieur de l'abbaye.

Un compte de l'ordinaire de Paris, en 1532, fait mention de cette chapelle comme étant située devant la ville de Saint-Denis, et dans le lieu où les suppliciés étaient exposés (2).

En 1567, dans la crainte que les calvinistes ne s'en fissent une retraite, on la découvrit entièrement. Elle fut réparée en 1573, par l'ordre de l'évêque de Paris, et de manière à empêcher les voleurs de s'y retirer. Elle subsistait encore hors Saint-Denis (*extra-muros*), en 1595; mais, d'après l'acte de collation faite par l'archevêque, le 4 janvier 1625, à un nommé Jean Ellein, clerc paroissien et bachelier en médecine, elle sem-

(1) Lebeuf, *Hist. du Dioc. de Paris*, t. 3, p. 254. Voyez le plan de M. Caron, procureur fiscal de Saint-Denis.
(2) Sauval, tome 3, page 645.

blait avoir été détruite par les guerres de cette époque. L'auteur du livre de l'antiquité des villes dit, qu'on voyait de son temps les ruines de l'ancien ermitage de saint Quentin.

Art. 16. — Chapelle Saint-Nicolas.

Quant à cette chapelle, qui, d'après les titres, était située sur le chemin qui conduisait à la Seine, sur le bord de laquelle existait une très-belle maison, dite la *maison de Seine*, ruinée du temps des troubles, elle paraît devoir son origine à la dévotion de plusieurs négocians de Paris.

Le pouillé parisien, qui est le premier qui l'ait connue, assure qu'elle était à la reconnaissance de l'abbé de Saint-Denis et à la collation de l'évêque de Paris.

Art. 17. — Communautés religieuses.

Enfin, il existait encore à Saint-Denis plusieurs communautés religieuses, telles que les cordeliers, les récollets, les carmélites, les urselines, les annonciades bleues et les visitandines, desquelles je donne une description très-succincte.

Art. 18. — Les Cordeliers.

Ces moines se présentèrent les premiers sous le nom de frères mineurs, pour être reçus, en cette qualité, par la ville de Saint-Denis. En effet, l'abbé Odon Clément les admit en 1231. Ils furent placés derrière l'église de Saint-Pierre, par les bénédictins, qui leur donnèrent la permission d'y bâtir une chapelle.

Art. 19. — Les Récollets.

Il ne faut pas confondre les cordeliers avec les récollets. Ceux-ci ont été aussi reçus à Saint-Denis, en 1604, et placés sur la paroisse Saint-Marcel, près de la porte de Paris.

Le cardinal de Sourdis fit la dédicace de leur église, sous le titre de l'Assomption, en 1610.

Le couvent et l'église ont été dévastés en 1793; cependant tous les bâtimens existent encore.

Quant à l'enclos, il a été acheté en grande partie par madame Gabory, sœur de la Compassion, où cette dame a l'intention d'y construire le couvent et le pensionnat de demoiselles qui sont établis maintenant à

Saint-Denis, place au Guet. Le reste de l'enclos appartient à divers particuliers.

Art. 20. — Les Carmélites, maintenant paroisse unique de Saint-Denis.

Ce monastère fut fondé par le comte de Brienne, de la ville aux clercs, en 1625.

Les religieuses carmélites furent les premières qui se présentèrent à Saint-Denis.

Ce couvent était situé en entrant par la porte de Paris, à droite.

C'est dans cet asile de la paix que madame Louise-Marie de France, sixième fille de Louis XV, fuyant les grandeurs, le brillant éclat et les vices des cours, vint chercher une retraite digne de l'ame de cette auguste princesse, qui était douée de toutes les vertus chrétiennes (1).

Ce monastère n'a pas été plus respecté que les autres par les nouveaux vandales.

L'église, démolie entièrement, fut réédifiée par les ordres de Louis XVI, comme un don que cet infortuné monarque faisait à sa tante.

Ce joli édifice que l'on voit aujourd'hui est

---

(1) Voyez la profanation de son tombeau, en 1793, et sa notice biographique à la fin du volume.

devenu la seule église paroissiale qui existe maintenant dans la ville.

C'est aux soins de Célerier, architecte célèbre, que l'on doit ce petit temple religieux, admirable dans toutes ses parties, érigé en 1778.

On peut dire avec vérité que cet architecte a déployé toutes les ressources de son art pour décorer ce petit chef-d'œuvre, et qu'il y a prodigué toutes les richesses que lui offrait la sculpture. En voici une description très-succincte.

L'ensemble, vu extérieurement, présente un dôme, autour duquel sont groupés quatre pavillons et exécutés sur un plan en forme de croix.

Un péristyle, composé de quatre colonnes sur le devant avec leur pilastre d'arrière-corps, forme avant-corps, et s'élève majestueusement sur un perron de onze degrés jusqu'aux colonnes, et de cinq entre chacune desdites colonnes, qui sont ornées de chapiteaux ordre ionique moderne et qui supportent un riche entablement sur le devant duquel est établi un superbe fronton.

Ce fronton, ainsi que l'entablement et l'intérieur du péristyle, sont enrichis de sculptures précieuses et de bas-reliefs dont les sujets sacrés sont analogues à leur primitive destination.

Ce péristyle décore parfaitement la face de ce joli temple sacré. On admire surtout dans son intérieur la voûte superbe sphérique du dôme posée sur quatre demi-voûtes aussi sphériques, encadrées d'archivoltes dépendant des pavillons latéraux. La coupole et les voûtes latérales sont décorées de caissons dans lesquels sont sculptées de belles rosaces. Dix-huit colonnes accouplées, couronnées de chapiteaux semblables à ceux du dehors, supportent le riche entablement qui règne au pourtour, et sur lequel est posé le dôme et tout ce qui l'accompagne.

Tout enfin, dans l'intérieur, répond en général à ses ornemens qui sont du meilleur goût.

Depuis la destruction de toutes les églises paroissiales existant à Saint-Denis, avant la révolution, et qui étaient, ainsi qu'on l'a vu, au nombre de sept, il ne reste maintenant que ce petit temple assez grand pour l'objet auquel il était consacré primitivement, mais aujourd'hui trop exigu pour sa nouvelle destination, défaut capital auquel il est facile de remédier en utilisant la place qui servait de cour au monastère.

La grande chapelle à droite en entrant, où sont placés les confessionnaux, était le chœur des religieuses.

A gauche et vis-à-vis se trouve la chapelle de la Vierge.

Ce somptueux monument, que l'on peut regarder, ainsi que je l'ai dit, comme un chef-d'œuvre, fait honneur à son royal fondateur ainsi qu'à l'architecte.

Il était naguère masqué par un mur au milieu duquel était la principale porte du couvent ; mais, étant démoli depuis quelques années, cet édifice est livré à l'admiration des amis des beaux-arts et les bâtimens qui dépendaient du couvent servent maintenant de caserne.

Quant à l'enclos vendu et revendu plusieurs fois depuis la dévastion du monastère, il appartient à divers particuliers ; l'on y a fait bâtir une très-jolie maison ; un autre y avait formé une *blanchîrie de calicot*, qu'il a abandonnée. Maintenant on y voit, dans un état de ruine, les constructions établies pour cet usage. Le terrain est en friche.

Art. 21. — Les Urselines.

Ces religieuses, extraites du couvent de Paris, faubourg Saint-Jacques, furent établies à Saint-Denis au mois d'août 1628, et leur monastère était situé dans le quartier Saint-Marcel, vers le couchant, dans la rue qui porte leur nom.

Ce couvent et l'église ont été, comme les autres, entièrement dévastés en 1793; mais rien n'a été démoli; tous les bâtimens existent tels qu'ils étaient.

On voit encore, dans l'église, des peintures à fresque très-bien conservées.

Les bâtimens et l'église ont servi long-temps de magasins de subsistances; une inscription à ce sujet est placée au-dessus de la porte principale. On a seulement démoli les cloisons des cellules, ce qui était nécessaire pour l'exploitation de cet établissement.

La vue de toutes ces dévastations, qui rappelle de si horribles souvenirs, cause un sentiment bien pénible.

En entrant dans la première cour qui précède l'église, on aperçoit encore, au-dessus d'une arcade à gauche qui conduit à une autre porte, une niche où avait été placée une image de la sainte Vierge, et au bas de laquelle on lit encore l'inscription suivante :

MARIA, MATER GRATIÆ,
TU, NOS AB HOSTE PROTEGE.

L'enclos, qui contient trois arpens, est planté d'arbres à fruits. On y remarque encore des avenues qui servaient de promenades. Le sol est en friche.

Art. 22. — Les Annonciades bleues.

Ce couvent fut fondé à Saint-Denis par M. de Versigny, président à la cour des aides, en 1629. Il était situé en entrant dans la ville, à gauche, par la porte de Paris.

On a vu plus haut que les annonciades se sont créé un nouveau monastère à Saint-Denis, rue Francklin, lorsqu'en 1793, le leur et l'église furent totalement dévastés, et qu'elles furent contraintes de déguerpir. Mais les constructions existent encore, ainsi que l'église où l'on admire l'élévation du dôme que l'on doit au talent d'Arvilliers, architecte du roi. L'intérieur de cette église est décoré de pilastres couronnés de chapiteaux corinthiens.

C'est de là principalement que furent faites les observations sur la direction des armées françaises, lors de l'invasion des troupes étrangères, en 1814 et 1815. On aperçoit encore les traces d'un boulet sur le portail de l'église.

On y remarque, au frontispice, une inscription gravée sur le marbre, qui rappelle que l'église avait été bâtie, en partie, aux frais de Philippe Desponts, docteur en théologie, et qu'elle fut dédiée par Humbert Ancelin, évêque de Tulle, le 10 juillet 1712 (1), d'après l'autorisation du cardinal de Noailles, alors archevêque de Paris.

Les bâtimens ont servi de sous-préfecture pendant les premières années de l'empire, et après, de magasins de réserve.

Maintenant, cette propriété domaniale n'a point encore de destination définitive. L'église est occupée, d'après l'autorisation de la ville de Paris, par M. Mage, instituteur distingué.

Son établissement recommandable est destiné à préparer ses élèves spécialement pour l'école Polytechnique, celle militaire de Saint-Cyr et celle de la marine. C'est dans cette église que M. Mage distribue ses prix à ses élèves.

Quant à l'enclos, il en appartient trois arpens à M. Riant. M. Labau, qui succède à M. Mazain, tient, vis-à-vis cet enclos, dans une des ailes du couvent des anciens récollets, un pensionnat dirigé avec distinction pendant seize ans par M. Mazaint. Il y maintien sa réputation méritée par l'excellence des études classiques et des études commerciales.

---

(1) Il paraîtrait d'après la date de 1629 de la fondation de ce couvent, qu'une partie de l'église aurait été bâtie à cette époque 1629, et qu'une autre partie et l'église n'auraient été érigées qu'au commencencement du dix-huitième siècle ou à la fin du précédent.

M. Ligier, qui est propriétaire d'une autre partie, la loue à divers particuliers.

Ce qui reste est à la disposition de la sous-préfecture et cultivé au profit de la ville.

Art. 23. — Les Religieuses de la Visitation.

Ces religieuses faisaient partie de celles de la rue Saint-Antoine, à Paris.

Ce fut le quatrième couvent dont l'archevêque de cette ville permit l'établissement, le 17 novembre 1738.

Ce couvent était situé dans la rue qui allait de l'abbaye de Saint-Denis à Saint-Denis-de-l'Étré, à gauche, appelée aujourd'hui rue de Campoise.

L'église de ce monastère a toujours été connue sous le nom de Sainte-Marie.

En 1793, elle servait de tribunal civil; vendue ensuite pour être démolie, elle fut rachetée, ainsi que l'enclos, pour y établir la sous-préfecture.

§ VI. — DESCRIPTION DU TRÉSOR.

Après avoir donné la description historique des nombreuses communautés religieuses qui existaient dans la ville de Saint-Denis, avant la

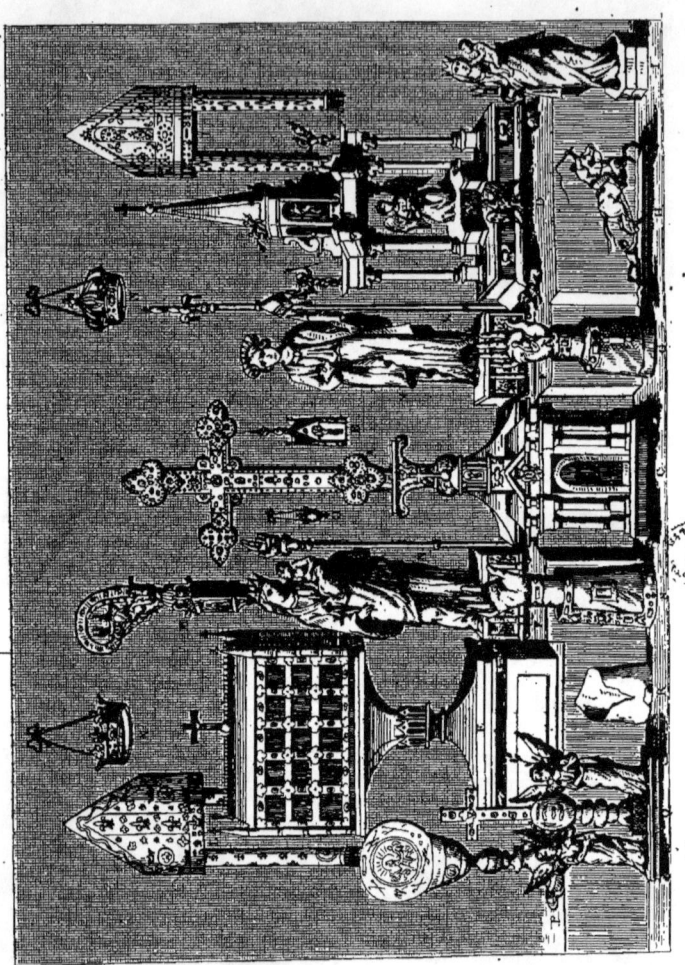

TRÉSOR DE SAINT-DENIS.

revolution, retournons maintenant à cette abbaye que la sépulture de nos rois et le trésor immense et précieux qu'elle possédait avaient rendue si célèbre. Il est essentiel, pour l'observateur, de prendre connaissance de ce riche trésor qui existait dans l'abbaye de Saint-Denis, et qui était placé dans une grande salle à côté de l'église, dont la voûte était soutenue au milieu par une colonne de marbre. Ainsi que les tombeaux, ce trésor attirait un grand concours de curieux. Il était un objet d'admiration pour tous ceux qui venaient le visiter. Un des religieux expliquait complaisamment tous les objets qu'il contenait. On verra bientôt comment tout fut pillé et dispersé.

Parmi les objets précieux, il s'en trouvait beaucoup qui auraient mérité d'être respectés; mais, en 1793, rien ne l'était.

Dans la salle qui recélait ce trésor, une lampe brûlait jour et nuit, par respect pour les reliques renfermées dans six armoires.

DANS LA PREMIÈRE ARMOIRE.

A   Croix d'or, de deux pieds et demi de long, et de deux pieds en croisé, dans laquelle était enchâssé un morceau de la vraie croix, de la longueur d'un pied. Cette croix était d'une grande beauté et d'une grande richesse, tant par le travail que par les pierreries dont elle était ornée.

Baudoin, empereur de Constantinople, en ayant fait présent à Philippe-Auguste, celui-ci la donna à l'abbaye. (Voyez Félibien, page 223.)

B   Crucifix fait du bois de la vraie croix, travaillé à ce qu'on croit, des propres mains du pape Clément III. Ce reliquaire était en or. On y remarquait les armes de Berry, comme ayant appartenu à Jean, duc de Berry, ou à son fils, Jean de Berry, comte de Montpensier.

C   Châsse de vermeil doré, dans laquelle étaient des parcelles des principales reliques de N. S., qui se gardaient à la Sainte-Chapelle de Paris. Elle était marquée aux armes de l'abbaye.

D   Un des clous avec lequel Jésus-Christ fut attaché à la croix. On croyait que l'empereur Constantin en fit présent à Charlemagne, mais que ce fut Charles Ier qui le donna à l'abbaye de Saint-Denis. Le reliquaire était de vermeil doré (Voyez Félibien, pages 97 et 228.)

E   Un reliquaire, appelé communément l'Oratoire, de Philippe-Auguste. La face antérieure était d'or, le reste de vermeil doré. On y comptait plus de trente différentes reliques, comme on le voyait par les inscriptions qui sont désignées par Félibien, page 557.

F   Deux images de vermeil, dont l'une représentait la sainte Vierge, tenant en sa main une fleur-de-lis d'or émaillée, sur laquelle on lisait ces mots écrits en lettres d'or : « *Des cheveux de N. D.* » Ces deux images furent données par Jeanne d'Evreux, reine de France et de Navarre, le 28 avril 1339. (Voyez Félibien, p. 301.)

G   Reliquaire d'or, où était renfermé un ossement d'un bras de saint Siméon, qui reçut notre Seigneur au Temple.

H   Reliquaire de vermeil doré, représentant le martyre de saint Hippolyte. Il y avait au dedans un ossement du saint martyr.

I   Une autre image de la sainte Vierge, tenant un reliquaire, rempli de *langes* de l'enfant Jésus, donné par Gui

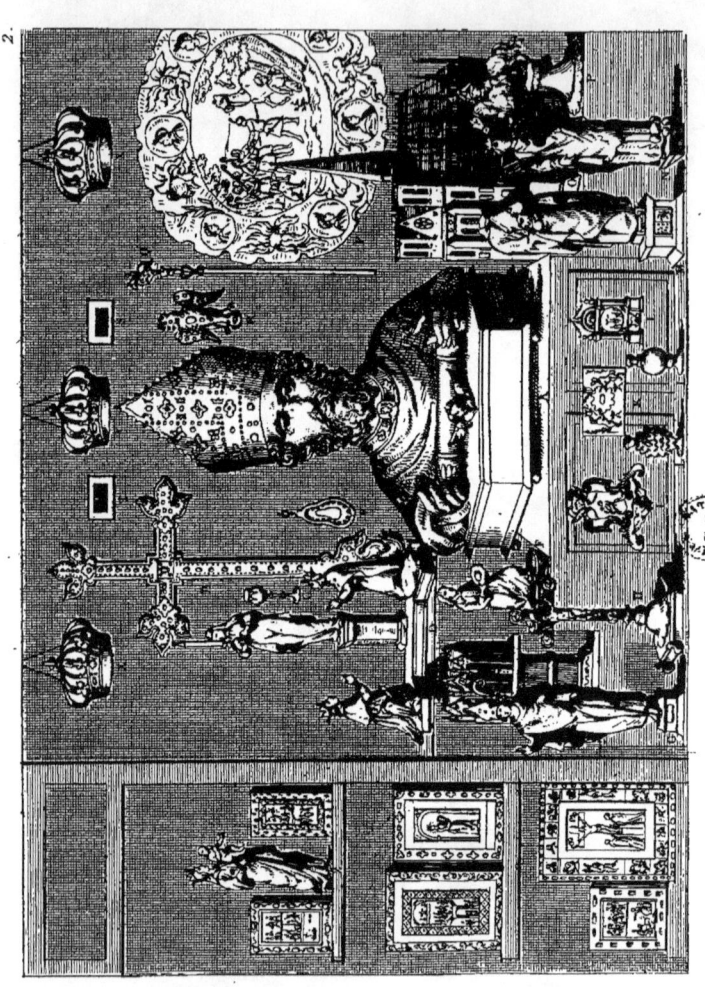

TRÉSOR DE SAINT-DENIS.

de Monceau, dont on voyait les armes. (Voyez Félibien, p. 301.

K   Bâton de vermeil doré, dont le chantre se servait au chœur les jours solennels. Ce fut Guillaume de Roquemont, chantre de Saint-Denis, qui le fit faire, en 1394, comme on le voyait par les vers gravés autour du bâton.

L   Mitres des anciens abbés réguliers de Saint-Denis. Il y en avait une à fond de perles, enrichie de quantité de pierreries enchâssées en or. Sur l'autre, qui était semée de fleurs-de-lis couvertes de semence de perles, se lisaient ces mots : « *Petrus abbas me fecit* 1221. »

M   Crosse de vermeil doré, marquée aux armes du cardinal Charles de Lorraine, abbé de Saint-Denis, qui en avait fait présent à cette église, en 1572.

N   Les couronnes, dont une seulement était en or; le sceptre et la main de justice qui avaient servi au sacre de Henri IV, mais qui, ainsi que les autres couronnes, n'étaient qu'en vermeil.

O   Une dent de saint Pancrace, martyr.

P   Calice et patène de vermeil doré.

Q   Reliquaire où étaient renfermés, sous un cristal de roche, quelques ossemens de sainte Placide, martyre. Les deux figures d'anges qu'on remarquait au côté étaient d'ivoire.

R   Morceau de cruche d'une espèce de marbre ou d'albâtre. On croit qu'elle servit aux noces de Cana, où Notre Seigneur changea l'eau en vin.

S   Reliquaire de vermeil doré, où est enchâssé l'os d'un bras de saint Eustache, martyr.

DANS LA SECONDE ARMOIRE.

A   Buste de vermeil, renfermant le chef de saint Hilaire, évêque de Poitiers, père et docteur de l'église. La mitre était enrichie de perles et de pierreries, ainsi que l'orfroi qui était autour du col de la figure. On y remarquait surtout une agate sur laquelle était représenté l'empereur Auguste. Dans ce reliquaire était aussi l'os du bras du même saint Hilaire, que l'on voyait sur le devant à travers d'un cristal. Ce reliquaire fut fait par les religieux de Saint-Denis, après les troubles de la Ligue.

B   Croix d'or, enrichie de pierreries, dans laquelle était incrustée une verge de fer du gril sur lequel fut brûlé saint Laurent. On conservait cette croix comme un don de Charles-le-Chauve.

C   Reliquaire de cristal, garni d'argent, dans lequel étaient des cheveux et vêtemens de sainte Marguerite, vierge et martyre.

D   Reliquaire de vermeil, qui représentait la Madeleine sur un petit piédestal, semé de fleurs-de-lis. On voyait, sur le soubassement, le roi Charles V à genoux, la reine Jeanne de Bourbon, sa femme, et Charles, dauphin, leur fils, ce qui était constaté par les armes gravées au-dessous, et par cette inscription :

« Ce joyau d'argent fit faire le roi Charles, fils du roi
» Jean (ou Jehan), et y est en or, en veselle garnie de
» pierreries, le menton de la benoîte Madeleine, qu'elle
» fut donnée audit roi par les de Montmorency, qui, par le
» terme de plus de cent ans de père en filz de ses prédéces-
» seurs estey gardece et de trez vont tantz à eux par un roi
» de France donné. Et ce don en fit à Roy le jour Saint-
» Nicolas, le VIe jour de décembre, en M. CCC, LXVIII,
» auquel jour fut dudit roi compère, et tcint son premier
» filz sur fonz. »

Des armes d'Anjou, que l'on voyait sur ce reliquaire, faisaient penser qu'il avait peut-être appartenu à la reine Clémence, femme de Louis X. Sur les derniers temps, un doigt de saint Barthélemy, apôtre, remplaçait le menton de sainte Madeleine, qui avait été pillé ou perdu dans les transports du trésor pendant les guerres civiles, depuis la mort de Charles V.

E   Reliquaire de vermeil, où était enchâssé un ossement de l'épaule de saint Jean-Baptiste, envoyé au roi Dagobert par l'empereur Héraclius.

F   Image d'argent qui représentait saint Léger, évêque d'Autun, tenant l'un des yeux qu'Ebroin, maire du palais, lui avait fait arracher.

G   Image de vermeil doré représentant saint Nicolas, évêque de Mire. Il y avait, dans le soubassement de la figure quelques reliques du même saint. Cette image était un présent de l'abbé Guy de Monceau. (Voyez Félibien, p. 301.)

H   Croix de vermeil doré, enrichie d'émaux. On y voyait du bois de la vraie croix et les armes d'argent de Jerosmes de Chambellan.

I   Patène de vermeil doré.

K   Agraffe d'une riche chappe, donnée par la reine Anne de Bretagne. Sur cette agraffe était une hyacinthe orientale, environnée d'une espèce de cordelière sur laquelle était écrit en lettres d'or : « *Non munera.* » On y voyait aussi les armes d'or émaillées de la même reine. (Voyez Félibien, p. 376.)

L   Vases, donnés par l'abbé Suger, l'un de cristal de roche, et l'autre de béril, taillé en pointe de diamant.

M   Image de vermeil doré, représentant saint Denis. C'est un présent de Marguerite de France, comtesse de Flandre, ainsi qu'on voyait par les armes. (Voyez Félibien, p. 282.)

N   Image de vermeil, représentant sainte Catherine. Il y avait quelques unes de ses reliques. L'abbé Gui de Monceau fit faire ce reliquaire. (Voyez Félibien, p. 301.)

O   Reliquaire d'argent en forme d'église. L'abbaye et Jean de Villiers, évêque de Lobes, cardinal, qui fut fait abbé de Saint-Denis en 1474, avaient leurs armes sur le frontispice. On lisait au bas de ce reliquaire cette inscription :

« Cy dedans sont plusieurs ossemens, tels que saint
» Denis, saint Rustique, saint Eleuthère, saint Jehan,
» saint Pierre, saint Paul, saint André, etc. » (Voyez
Félibien, p. 539.)

P   Aiguière et bassin d'argent doré. Sur le fond était représenté Joseph vendu par ses frères. Les figures et six
médaillons d'empereurs étaient de demi-bosse.

Q   Bâton d'or émaillé, orné de filigrane. A l'extrémité
était un aigle portant un jeune homme. On croit que ce
bâton avait servi de sceptre à Dagobert. Quelques antiquaires le prenaient pour un bâton consulaire.

R   Aigle d'or, enrichi d'un très-beau saphir et d'autres
pierreries. On croyait que cet aigle avait servi autrefois
d'agrafe au manteau du roi Dagobert.

S   Reliquaire de vermeil doré, contenant quelques reliques
de saint Pantaléon, martyr, comme on le voyait par une
inscription qui s'y lisait : « *De ossibus St. Pantaleonis.*

T   Autre reliquaire, contenant des os du prophète Isaïe.

V   Autre reliquaire d'argent.

X   Deux couronnes, l'une en or et l'autre en vermeil doré,
qui servirent au sacre de Louis XIII, en 1610, le 17 octobre.

Y   Couronne de vermeil, qui avait servi aux funérailles de
la reine Anne d'Autriche, femme de Louis XIII, morte
le 20 janvier 1666.

Z   On voyait dans cette armoire une image de la sainte
Vierge en ivoire; sa tête était décorée d'une couronne d'or,
enrichie de pierreries. Il y avait encore dans cette armoire plusieurs manuscrits très-anciens, dont les couver-
tures étaient très-riches, un missel de sept à huit cents
ans et un nouveau testament de neuf cents ans, écrit sur
vélin, couleur de pourpre.

DANS LA TROISIÈME ARMOIRE.

A   Chef de saint Denis. Son image était en or, sa mitre

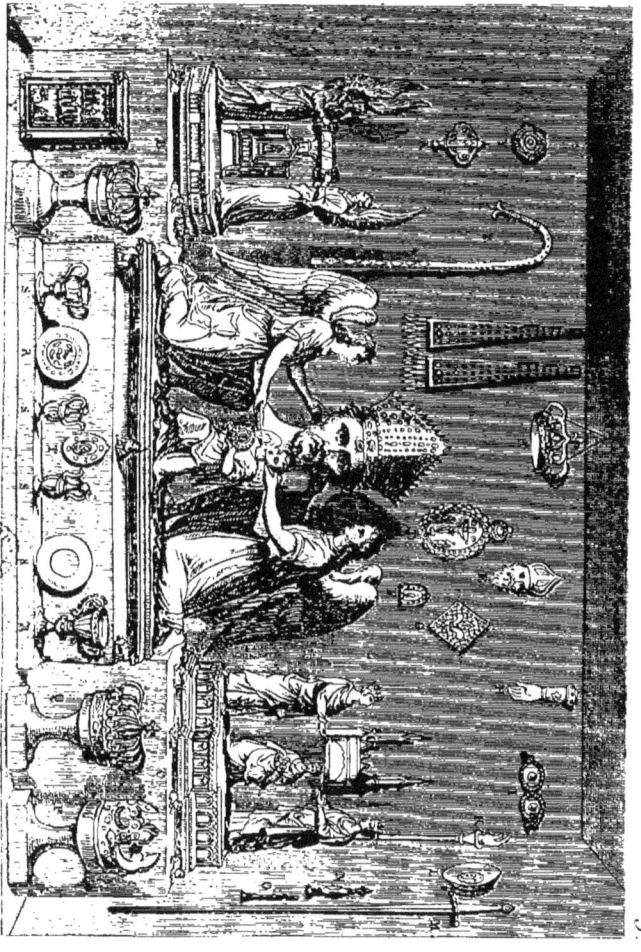

TRÉSOR DE SAINT-DENIS

SAINT DENIS. 97

couverte de pierreries et de perles précieuses; les deux anges qui soutenaient le chef, ainsi que celui de devant, étaient de vermeil doré. Le reliquaire qu'il tenait dans ses mains était d'or, enrichi de pierreries. Ce petit reliquaire contenait un ossement de l'épaule de saint Denis Ce fut l'abbé Mathieu de Vendôme qui fit ainsi enchâsser le chef de saint Denis.

B Un reliquaire de vermeil doré, dans lequel était enchâssée une main de saint Thomas, apôtre, que l'on voyait à travers un cristal, dont les extrémités étaient garnies de pierres précieuses. On remarquait dans ce cristal un rouleau d'or, sur lequel on lisait cette inscription : *Hic est manus B. Thomæ apostoli quam misit in latus Domini nostri Jesu Christi.* Jean, duc de Berry, dont on remarquait les armes, en fit présent à l'abbaye de Saint-Denis, en 1394. (Voyez Félibien, p. 310.)

C Reliquaire en vermeil doré, dans lequel était enchâssée la mâchoire inférieure de saint Louis. La relique était portée par deux figures couronnées, qui représentaient, l'une, Philippe-le-Hardi, et l'autre, Philippe-le-Bel. Une troisième figure, qui était à genoux, représentait l'abbé Gille de Pontoise, tenant un petit reliquaire qui renfermait un os de saint Louis.

D Cristal de roche, enrichi de perles et de pierres précieuses, sur lequel étaient gravés un crucifix, la sainte Vierge et saint Jean. On y remarquait aussi quelques morceaux des habits de saint Louis.

E Chef d'argent, représentant l'image de saint Denis. C'était un vœu fait au saint martyr.

F Lapis garni de perles et de pierreries, sur lequel était représenté un sauveur avec ces lettres, $\overline{IC}$. $\overline{XC}$. c'est-à-dire, *Jesus-Christ*; sur le revers était l'image de la Vierge avec ces lettres, $\overline{MP}$. $\overline{\Theta Y}$., c'est-à-dire, mère de Dieu.

G Agrafe du manteau royal de saint Louis; elle était de vermeil doré, couverte d'émaux et de pierres précieuses.

H   Une main, en vermeil doré, que saint Louis portait dans ses voyages. Elle renfermait un petit os de saint Denis.

I   Agraffe de chappe de vermeil.

K   Main de justice, de vermeil doré, de saint Louis.

L   Tasse de bois de Tamaris, dont on dit que saint Louis se servait pour se préserver du mal de rate.

M   Épée qu'il portait lors de son voyage en Terre-Sainte.

N   Fiole d'agate onix.

O   Anneau de saint Louis. Il était d'or, semé de fleurs-de-lis, garni d'un saphir sur lequel était gravée son image avec ces deux lettres : S. L., c'est-à-dire, *Sigillum Ludovicum* (cachet de saint Louis); au bout de la chaîne était une pièce de monnaie d'argent frappée à Saint-Denis ; d'un côté était écrit : *Carolus*, en monogramme, et autour : *Gratiâ Dei Rex*, et de l'autre : *Sancti Dionisii, M.*

P   Couronne d'or, enrichie de pierreries, parmi lesquelles on remarquait un rubis, où était enchâssée une épine de la couronne de Jésus-Christ.

Q   Deux couronnes, dont l'une était d'or et l'autre en vermeil, ayant servi au sacre de Louis XIV, le 16 juin 1654.

R   Calice et patène de Suger. La coupe était d'une agate orientale très-bien travaillée. La patène était d'une pierre précieuse appelée serpentine, semée de petits dauphins d'or, etc., etc.

S   Calice, patène et burettes enchâssés de vermeil doré, enrichis de pierreries. On croyait que le calice et les burettes de cristal avaient servi à saint Denis.

T   Agathe sur laquelle était représentée une reine. La bordure était de vermeil, travaillée en filigrane et chargée de diverses pierreries.

V   Manuscrit en velin, contenant les ouvrages attribués à saint Denis l'aréopagite, avec les commentaires de Maxime. La couverture était en argent, enrichie de

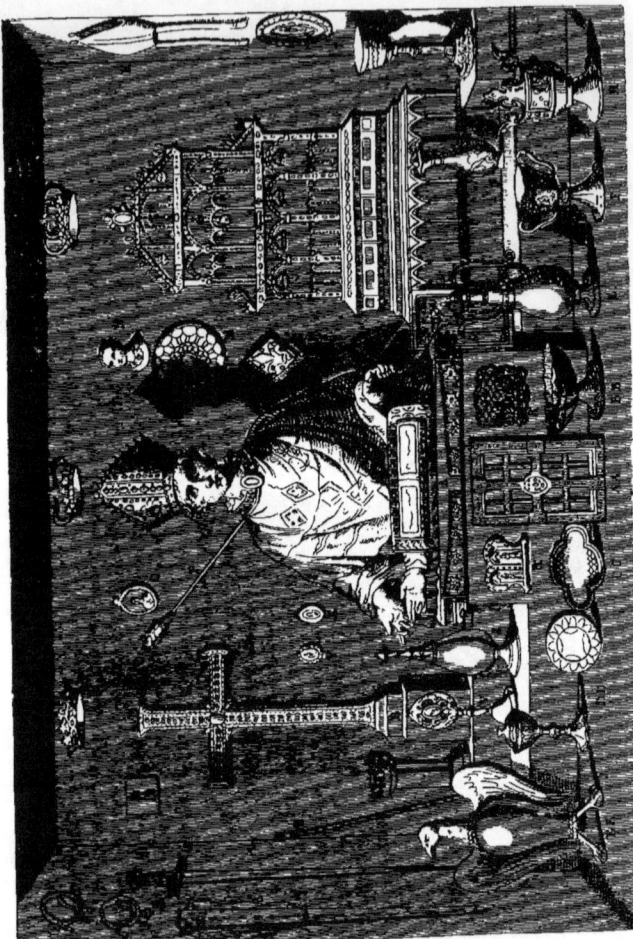

pierreries et ornée de petites figures d'ivoire. A la fin de ce manuscrit on lisait une inscription qui apprenait que c'était un don de l'empereur Paléologue, et que Manuel Chrysoloras, son ambassadeur, l'apporta à Saint-Denis, l'an 1408.

X   Agrafe de chappe. Elle était d'argent doré, ornée de quelques pierreries. On y voyait saint Denis avec deux autres figures aussi d'argent doré.

Y   Anneaux pontificaux. Sur celui du milieu, qui était d'or comme les autres, on y voyait un saphir, et tout autour plusieurs perles avec ces mots gravés : *Annulus sancti Dionisii.*

Z   Le haut du bâton pastoral de saint Denis, tout couvert d'or, enrichi d'émaux et de quantité de perles orientales.

&   Couronne de vermeil doré, qui avait servi aux funérailles de la reine Marie-Thérèse, épouse de Louis XIV.

DANS LA QUATRIÈME ARMOIRE.

A   Buste de vermeil doré, représentant saint Benoît, contenant une partie du chef et un os du bras de ce saint; on le voyait à travers un cristal. La mître était couverte de petites médailles d'agate, et enrichie de pierres précieuses. On remarquait, sur l'orfroi, une médaille d'agathe, que l'on croyait représenter l'empereur Domitien. Ce reliquaire fut donné par Jean, duc de Berry, à l'abbaye de Saint-Denis, en l'an 1401. (Voyez Félibien, p. 318.)

B   Croix d'or, couverte de perles orientales, de saphirs et d'émeraudes. Au milieu était une améthiste d'Orient très-précieuse. On conservait cette croix comme un présent de l'empereur Charles-le-Chauve.

C   Oratoire de Charlemagne. Magnifique reliquaire par l'or, les perles et les pierreries dont il était orné. Sur le haut était la représentation d'une princesse, que quelques antiquaires ont prise pour Cléopâtre, et d'autres pour Julie, fille de l'empereur Titus.

D   Pontifical d'environ 700 ans, dont la couverture était en or émaillé, et qui contenait la cérémonie du sacre de nos rois.

E   Vase d'agate. Le pied, l'anse et le couvercle étaient de vermeil doré enrichi de pierreries. C'était un présent de l'abbé Suger, comme l'on voyait par les deux vers qui y étaient écrits :

Dum libare Deo gemmis debemus et auro,
Hoc ego Suggirius offero vas Domino.

F   Vase d'agate orientale le plus beau et le plus rare dans ce genre. Les figures hyérogliphiques qu'on y voyait étaient parfaites et d'un travail très-précieux. Jean Tristan, sieur de Saint-Amand, dans ses commentaires historiques, tome 2, page 603, croit que ce vase fut fait par les ordres de Ptolomée Philadelphe, roi d'Égypte, et qu'il représentait une fête en l'honneur de Bacchus.

Deux vers latins, qui étaient sur le pied, disaient que ce vase avait été donné à l'église de Saint-Denis par Charles III.

G   Vase de cristal de roche, dont le couvercle était d'or. On y voyait une inscription en caractères à peu près semblables aux inscriptions de Pouzzole, publiées par Pompée Sarnelli, évêque de Biseglia, qui sont en caractères arabes. Celle du vase que l'on y voyait marquait en trois mots qu'il était destiné à renfermer de quoi manger après le repas, comme pastilles, dragées, pistaches, etc., etc.

H   Couronne d'or de Charlemagne, ornée de pierreries, et qui servait à la cérémonie du sacre de nos rois.

I   Calice et patène de vermeil doré.

K   M^tre de brocard d'or des abbés.

L   Agraffe d'or, chargée de rubis et de diamans, entourée de grosses perles orientales.

M Espèce de soucoupe d'or, ornée de cristaux de différentes couleurs. On remarquait, au milieu, un roi sur son trône.
N Tête d'un enfant, en agathe orientale.
O Un César Auguste en agathe.
P Sceptre d'or, de cinq pieds dix pouces de long. Le haut était orné d'un lis d'or émaillé, où était représenté Charlemagne assis sur son trône, avec ces mots gravés au-dessous : Sanctus Karolus Magnus, Italia, Roma, Gallia, Germania.
Q Plaque d'argent dorée, sur laquelle était représenté saint Denis, avec ces mots gravés : *Vota mea reddam tibi, Domine*. Une inscription faisait connaître qu'en 1610, Jacques Sobieski déposa cette image au trésor, en reconnaissance de la guérison miraculeuse d'une maladie, qu'il obtint de saint Denis.
R Épée de Charlemagne, dont la garde, la poignée et le pommeau étaient d'or, ainsi que les éperons.
S Main de justice faite de corne de licorne, et dont le bâton était d'or.
T Couronne de la reine Jeanne d'Évreux, épouse de Charles IV. Cette couronne, enrichie de rubis, de saphirs et de perles, servait au couronnement des reines, qui se faisait dans l'église de Saint-Denis. (Voyez Félibien, p. 275.)
V Reliquaire d'argent, où étaient renfermées quelques reliques de saint Gille, abbé.
X Agate onix, où était représenté un empereur du Bas-Empire.
Y Améthyste enchâssée en or, où était gravée une figure d'Apollon.
Z Vase de cristal de roche, que la reine Aliénor avait donné à Louis VII, son époux, qui en fit présent à l'abbé Suger.
& Agraffes de chappe de vermeil.

AA   Livre d'épîtres et d'évangiles, dont la couverture était d'or et enrichie de pierreries.

BB   Gondole faite d'une agate onix, dont la garniture était d'or et enrichie de pierreries.

CC   Autre gondole, faite d'une pierre de jade, dont la garniture était d'or émaillé.

DD   Calice et patène de vermeil émaillé. On y lisait ces mots gravés dessus :

« Je fu donné par le roy Charles, fils du roi Jehan, en
» sa chapelle que fondea en lonneur de st. Jehan de dans
» leglise St.-Denis, ou chacun jour ordenement doivent
» pour oli chanter deux messes a toujours perpétuelle-
» ment. »

EE   Vase de porphyre. Il était orné d'une tête d'aigle de vermeil doré.

Au haut de cette planche, l'on voyait trois couronnes de vermeil doré, dont l'une avait servi à la pompe funèbre d'Henriette de France, reine d'Angleterre; celle du milieu, aux funérailles de madame la Dauphine; et la troisième, aux obsèques de Philippe de France, duc d'Orléans, frère unique de sa majesté.

DANS LA CINQUIÈME ARMOIRE.

A   Châsse de vermeil doré, ornée de quelques pierres précieuses, contenant la plupart des ossemens de saint Louis. Elle était ornée de figures qui représentaient les douze pairs de France, peints sur l'émail. Cette châsse magnifique a été commandée par le cardinal Louis de Bourbon, tandis qu'il était abbé de Saint-Denis.

B   Châsse couverte de lames d'argent et ornée de pierreries, dans laquelle était le corps de saint Denis, que le pape Innocent III donna aux religieux de ce monastère, qui se trouvèrent au troisième concile de Latran, tenu en 1215. (Voyez Félibien, p. 219.)

TRÉSOR DE SAINT-DENIS.

C   Buste de vermeil doré, dans lequel était enchâssé le chef de saint Pierre l'exorciste, martyr.

Sur le fond et les côtés de cette planche, on voyait les habits royaux qui avaient servi au sacre de Louis XIV, le 7 juin 1654, et au sacre de Louis XV, le 26 octobre 1722.

DANS LA SIXIÈME ARMOIRE.

Manteau royal qui avait servi au sacre de l'infortuné Louis XVI, le 11 juin 1775.

On trouvait encore dans cette salle beaucoup d'autres objets très-curieux, tels que le portrait de Jeanne d'Arc, son épée, celle de plusieurs guerriers de son temps; la chaise de bronze dorée, que Suger crut avoir servi de trône à Dagobert, et qui en servait aux rois de la première race, lorsqu'ils recevaient les hommages des grands seigneurs de France.

OBJETS PRÉCIEUX ÉCHAPPÉS AU PILLAGE DU TRÉSOR.

Je donne ici la relation exacte des objets précieux qui ont échappé aux ravages révolutionnaires, et qui ont été transférés au Cabinet des Antiques de la Bibliothèque royale, en nivôse an II (1791), d'après les renseignemens donnés par M. Dumersan, premier employé de ce cabinet.

Camée, représentant Auguste, couronné de chêne. (Voyez p. 93, A, buste de saint Hilaire.)

Calice de l'abbé Suger, volé en 1804. (P. 98, S.) Il est maintenant dans le Musée Britannique, légué par M. Townley, qui l'avait acquis du voleur.

Julie, fille de Titus, aigue marine provenant de l'oratoire de Charlemagne. (P. 99, C.)

Vase de sardonix, dit de Ptolomée. (P. 100, F.)

Coupe sur laquelle on remarque un roi sassanide. (P. 101, M.)

Buste d'Auguste, camée de rond de bosse. (P. 101, O.)

Gondole d'agate-onix. (P. 102, BB.)

Gondole de jade. (P. 104, CC.) Elle fut donnée au trésor, en 1144, par Suger, qui la racheta 60 marcs d'argent de ceux à qui Louis VI l'avait engagée pour les besoins d'état, dix ans auparavant. La monture a été détruite à l'époque du vol qui eut lieu en 1804.

Buste de Germanicus non inscrit dans Félibien (Camée).

Fauteuil de Dagobert. On le conservait autrefois au trésor de Saint-Denis. Il ressemble à la chaise curule des Romains et a été transporté à Boulogne, au mois d'août 1804, pour la distribution des croix de la légion d'honneur. Une médaille, frappée en 1804, représente Napoléon assis sur ce fauteuil et faisant cette distribution. (Voyez ce que j'en ai dit p. 103, 4e *alinéa*.)

Cuve de porphyre qui était à Saint-Denis, dans laquelle on dit que Clovis reçut le baptême des mains de saint Remi. (Voyez la notice des antiques précitée, p. 50.) Cette cuve n'est point décrite dans Félibien.

Buste d'enfant, Anius-Verus, fils de Marc-Aurèle. (P. 101, N.)

Plusieurs pièces d'un jeu d'échecs qui était dans le trésor, et qui servait à Charlemagne; il lui avait été donné par le calife Aaron-Al-Raschild.

Deux cornets d'ivoire sculptés.

Une aiguière et une burette de cuivre émaillées.

Une petite boîte.

Deux étriers de fer à jour.

Une paire de gantelets des obsèques de Louis XIV. (P. 103, sixième armoire.)

Fragmens de vases dits des noces de Cana (P. 93, R.)

On a encore au département des manuscrits un évangélistaire et des liturgies.

Quelques reliques provenant du trésor ont été rendues à l'église de N.-D., ainsi que celles de la Sainte-Chapelle, au mois de brumaire an 13.

Ces objets sont décrits dans la Notice du Cabinet des Médailles, par M. Dumersan.

CHAPITRE II.

Histoire moderne de Saint-Denis.

PREMIÈRE SECTION.

SOMMAIRE.

Coup-d'œil général sur la violation des tombeaux et sur le pillage du trésor. — Situation des monumens et tombeaux qui existaient dans l'abbaye de Saint-Denis, détruits les 6, 7 et 8 août 1793.— Extraction des corps des rois, reines, princes et princesses, etc., etc., enterrés dans l'église de l'abbaye de Saint-Denis. — Châsses détruites.—Particularités extraordinaires survenues lors de l'exhumation des ossemens de sainte Geneviève, des corps de Henri IV, de Louis XIV et de Marie-Louise de Bourbon, supérieure des Carmélites. — Nouvelle découverte de cercueils contenant des armes et des vases.

§ Ier. — COUP-DOEIL GÉNÉRAL SUR LA VIOLATION DES TOMBEAUX ET SUR LE PILLAGE DU TRÉSOR.

Déjà l'observateur a appris, par ce que j'en ai dit plus haut, page 38 à 41, l'origine des sépultures royales dans l'abbaye de Saint-Denis; maintenant il va connaître l'ancien ordre des tombes, leur horrible profanation, la dévastation effrayante de ce gothique monastère, où tant de nos rois, de grands vassaux, venaient s'engloutir sous ses sombres voûtes, et enfin sa restauration.

Qui ne frémit pas d'épouvante en songeant à cette violation sans exemple, exercée par ce qu'il y a de plus odieux dans l'espèce humaine, sur les vieux tombeaux encombrés dans les caveaux de la mort, qui devaient n'être anéantis qu'après une suite de siècles innombrables; car tout finit ici-bas!...

Que devinrent alors vos ossemens, ô familles de *Dagobert*, de *Clovis* et de *saint Louis*!... Arrachés de vos tombes sacrées, profanés et jetés pêle-mêle sur la terre, le gazon, qui les dérobait à nos tristes regards, remplaçait le marbre brisé par le marteau révolutionnaire (1).

Je vais décrire exactement la ruine de cet antique monastère, dont j'ai fait connaître la brillante origine, les grandes richesses, la somptuosité et la magnificence sans exemple.

En 1792, cette abbaye, comme tant d'autres, fut supprimée, et toutes ses immenses richesses furent dispersées.

Un décret rendu par la Convention natio-

---

(1) On verra plus bas ce que sont devenus ces restes vénérés.

nale, qui venait d'immoler Louis XVI et de proscrire la famille des *Bourbons*, proscrivit également les cendres des augustes morts qui avaient régné sur la France.

Et, le 31 juillet 1793, sur la proposition de Barère, cette Convention osa rendre un décret portant que les tombeaux et mausolées des ci-devant rois, élevés dans l'église de Saint-Denis, dans les temples et autres lieux dans toute l'étendue de la république, seraient détruits. Alors on nomma une commission pour présider à cette destruction décrétée; mais heureusement, d'après la proposition de plusieurs amis des beaux-arts, on en créa une autre dite *des monumens*, qui fut adjointe à la première, en tête de laquelle se trouvait M. Lenoir, fondateur du musée des monumens français, rue des Petits-Augustins.

Cette commission fut spécialement chargée de conserver ceux des monumens qui lui paraîtraient dignes de cette faveur.

Plus tard, par un décret qu'elle rendit le 22 octobre de la même année (1), la Convention changea le nom de la ville de Saint-Denis en celui de *commune de Franciade*.

---

(1) Ou du primidi de la 1re décade du 2me mois de la seconde année républicaine.

Mais, le 22 novembre 1793, cette Convention, présidée par un nommé Laloi, mit le comble à ses horribles profanations. A cette époque, une députation de Saint-Denis, composée de personnages odieux, en tête de laquelle était un nommé Leblanc, fut introduite dans son enceinte. L'orateur, qui lui présentait l'adresse, demandait qu'il plaise à la Convention d'ordonner que tout ce qui faisait la richesse du trésor de Saint-Denis, amassé depuis plusieurs siècles, contribuât *à affermir* (suivant l'adresse) *l'empire de la raison et de la liberté*. L'orateur Leblanc, auteur de l'adresse, fut député pour présider à la translation du trésor. L'assemblée nomma douze commissaires pour assister à cette horrible cérémonie, et ordonna l'insertion en entier de l'adresse, que sa longueur m'empêche de transcrire ici.

Enlèvement du Trésor.

Dans la nuit du 11 au 12 septembre 1793, par ordre du département, en présence du commissaire du district et de la municipalité de Saint-Denis, on enleva du trésor tout ce qui y était : châsses, reliques, etc., furent mis dans de grandes caisses de bois, ainsi que les riches ornemens de l'église, et le tout partit dans des chariots, pour la Convention, en grand appareil et grand cortége de la garde des habitans de la ville, le 13, vers les 10 heures du matin.

Et tel était le vertige de ces nouveaux iconoclastes, de ce temps de bouleversement général, que plusieurs des membres de cette Convention, peu satisfaits d'avoir pillé les trésors et profané les tombeaux de nos rois, et d'avoir dispersé leurs ossemens à demi-consumés, voulaient encore raser l'église de Saint-Denis. Cette proposition insensée ne fut rejetée qu'à une très-faible majorité.

Mais, depuis 1794 jusqu'à l'époque du consulat de Bonaparte, ce monument fut successivement dépouillé de sa couverture de plomb, de ses admirables vitraux et de tout ce qui avait pu contribuer à sa magnificence (1).

Trois jours ont suffi pour anéantir cinquante-et-un tombeaux qui se trouvaient placés dans le chœur et dans l'église, pour violer autant de sépultures de rois et de princes et pour détruire, enfin, l'ouvrage de douze siècles.

(1) En 1796, on le couvrit seulement en tuile et à moitié. Les travaux furent suspendus au 18 fructidor an V (1797). La démolition fut mise une seconde fois en question, et ne fut pas décrétée; mais, en 1799, cet édifice fut privé de ses vitraux.

Il n'est personne qui ne conserve sans frémir le souvenir de ces odieuses profanations.

Poètes célèbres! vous les avez éternisés ces tristes souvenirs dans vos sublimes élégies que leurs nobles, mais tristes sujets, rendent immortels avec les noms de leurs auteurs.

Delille, Legouvé, Fontanes, Treneuil et tant d'autres, vous avez flétri, par vos accens vengeurs, ces profanateurs monstrueux qui firent pâlir l'espèce humaine!

Et vous, Châteaubriant! qui peut lire sans verser un torrent de larmes vos gémissemens sur ces attentats infernaux dans votre œuvre sublime! (*le Génie du Christianisme*) auquel j'ai emprunté les détails de ces horribles profanations.

§ II. — SITUATION DES MONUMENS ET TOMBEAUX QUI EXISTAIENT DANS L'ABBAYE DE SAINT-DENIS, DÉTRUITS LES 6, 7 et 8 AOUT 1793.

Voici des notes bien précieuses sur les exhumations de Saint-Denis : elles ont été prises par un religieux de cette abbaye, témoin oculaire de ces exhumations.

DANS LE SANCTUAIRE DU COTÉ DE L'ÉPITRE.

Le tombeau du roi Dagobert 1er, mort en 638, et les deux

statues de pierre de liais, l'une couchée, l'autre en pied, et celle de la reine Nantilde, sa femme, en pied.

On a été obligé de briser la statue couchée de Dagobert, parce qu'elle faisait partie du massif du tombeau et du mur. On a conservé le reste du tombeau, qui représente la vision d'un ermite, au sujet de ce que l'on dit être arrivé à l'ame de Dagobert, après sa mort, parce que ce morceau de sculpture peut servir à l'histoire de l'art et à celle de l'esprit humain.

DANS LES CROISÉES DU CHOEUR, DU COTÉ DE L'ÉPITRE, LE LONG DES GRILLES.

Le tombeau de Clovis II, fils de Dagobert, mort en 662.

Ce tombeau était de pierre de liais.

Celui de Charles Martel, père de Pepin, mort en 741.

Il était en pierre.

Celui de Pepin, son fils, premier roi de la deuxième race, mort en 768. A côté, celui de Berthe ou Bertrade, sa femme, morte en 783.

DU COTÉ DE L'ÉVANGILE, LE LONG DES GRILLES.

Le tombeau de Carloman, fils de Pepin et frère de Charlemagne, mort en 771; et à côté, celui d'Hermentrude, femme de Charles-le-Chauve, morte en 869.

Ces deux tombeaux étaient en pierre.

DU COTÉ DE L'ÉPITRE.

Le tombeau de Louis III, fils de Louis-le-Bègue, mort en 882 ; et celui de Carloman, frère de Louis III, mort en 884.

L'un et l'autre étaient en pierre.

DU COTÉ DE L'ÉVANGILE.

Le tombeau d'Eudes-le-Grand, oncle de Hugues Capet, mort en 899, et celui de Hugues Capet, mort en 1033.

Celui de Henri Ier, mort en 1060 ; de Louis VI, dit le Gros, mort en 1137 ; et celui de Philippe, fils aîné de Louis-le-Gros, couronné du vivant de son père, mort en 1131.

Celui de Constance de Castille, seconde femme de Louis VII, dit le Jeune, morte en 1159.

Tous ces monumens étaient en pierre, et avaient été construits sous le règne de saint Louis, au treizième siècle. Ils contenaient chacun deux petits cercueils de pierre, d'environ trois pieds de long, recouverts d'une pierre en dos d'âne, où étaient enfermées les cendres de ces princes et princesses.

Tous les monumens qui suivaient étaient de marbre, à l'exception de deux qu'on aura soin de remarquer ; ils avaient été construits dans le siècle où ont vécu les personnages dont ils contenaient les cendres.

DANS LA CROISÉE DU CHŒUR, DU COTÉ DE L'ÉPITRE.

Le tombeau de Philippe-le-Hardi, mort en 1285, et celui d'Isabelle d'Arragon, sa femme, morte en 1272.

Ces deux tombeaux étaient creux et contenaient chacun un coffre de plomb, d'environ trois pieds de long sur huit pouces de haut. Ils renfermaient les cendres des deux époux.

Celui de Philippe IV, dit le Bel, mort en 1314.

COTÉ DE L'ÉVANGILE.

Louis X, dit le Hutin, mort en 1316, et celui de son fils posthume Jean (la plupart des historiens ne le comptent pas au nombre des rois de France), mort la même année que son père, et quatre jours après sa naissance, pendant lequel temps il porta le titre de roi.

Aux pieds de Louis-le-Hutin, Jeanne, reine de Navarre, sa fille, morte en 1349.

DANS LE SANCTUAIRE, DU COTÉ DE L'ÉVANGILE.

Philippe V, dit le Long, mort le 3 janvier 1321, avec le cœur de sa femme, Jeanne de Bourgogne, morte le 21 janvier 1329. Charles IV, dit le Bel, mort en 1327, et Jeanne d'Evreux, sa femme, morte en 1370.

CHAPELLE DE N. D. LA BLANCHE, DU COTÉ DE L'ÉPITRE.

Blanche, fille de Charles-le-Bel, duchesse d'Orléans, morte en 1392, et Marie, sa sœur, morte en 1341; plus bas, deux effigies en pierre de ces deux princesses, adossées aux piliers de l'entrée de ladite chapelle.

DANS LE SANCTUAIRE DE CETTE CHAPELLE, COTÉ DE L'ÉVANGILE.

Philippe de Valois, mort en 1351, et Jeanne de Bourgogne, sa première femme, morte en 1344.

Blanche de Navarre, sa deuxième femme, morte en 1398.

Jeanne, fille de Philippe de Valois et de Blanche, morte en 1393.

Plus bas, deux effigies en pierre de Blanche et de Jeanne, adossées aux piliers du bas de ladite chapelle.

CHAPELLE DE SAINT-JEAN-BAPTISTE, DITE DES CHARLES.

Charles V, surnommé le Sage, mort en 1380, et Jeanne de Bourbon, sa femme, morte en 1378.

Charles VI, mort en 1422, et Isabeau de Bavière, sa femme, morte en 1435.

Charles VII, mort en 1461, et Marie d'Anjou, sa femme, morte en 1463.

REVENONS DANS LE SANCTUAIRE, DU COTÉ DU MAITRE-AUTEL, COTÉ DE L'ÉVANGILE.

Le roi Jean, mort prisonnier en Angleterre, en 1364.

AU BAS DU SANCTUAIRE ET DES DEGRÉS DU COTÉ DE L'ÉVANGILE.

Le massif du monument de Charles VIII, mort en 1498, dont l'effigie et les quatre anges qui étaient aux quatre coins avaient été retirés en 1792, a été démoli le 8 août 1793.

DANS LA CHAPELLE DE N. D. LA BLANCHE.

Les deux effigies en marbre blanc de Henri II, mort en 1559, et de Catherine de Médicis, sa femme, morte en 1589, l'un et l'autre revêtus de leurs habits royaux, couchés sur un lit recouvert de lames de cuivre doré, aux chiffres de l'un et de l'autre, et ornées de fleurs-de-lis.

DANS LA CHAPELLE DES CHARLES.

Le tombeau de Bertrand Duguesclin, mort en 1380.

Ce tombeau, qui n'avait pas été compris dans le décret, avait été détruit par les ouvriers le 7 août; mais on a rapporté son effigie dans la chapelle, en attendant qu'il fût transporté à sa destination.

Les cendres des rois et reines renfermées dans les cercueils de pierre ou de plomb des tombeaux creux mentionnés ci-dessus, ont été déposées dans l'endroit où avait été érigée la tour des Valois, attenant à la croisée de l'église, du côté du septentrion, servant alors de cimetière. Ce magnifique monument avait été détruit en 1719.

On n'a trouvé que très-peu de choses dans les cercueils des tombeaux creux; il y avait un peu de fil d'or faux dans celui de Pepin. Chaque cercueil contenait la simple inscription du nom sur une lame de plomb, et la plupart de ces lames étaient fort endommagées par la rouille.

Ces inscriptions, ainsi que les coffres de plomb de Philippe-le-Hardi et d'Isabelle d'Arragon, ont été transportés à l'Hôtel-de-Ville, et ensuite à la fonte. Ce qu'on a trouvé de plus remarquable est le sceau d'argent, de forme ogive, de Constance de Castille, deuxième femme de Louis VII, dit le Jeune, mort en 1160; il pèse trois onces et demie; on l'a déposé à la municipalité, pour être remis au cabinet des antiques de la Bibliothèque du Roi.

Le nombre des monumens détruits du 6 au 8 août 1793, au soir, moment où la destruction a cessé, monte à cinquante-et-un.

Le tombeau du maréchal de Turenne, qui avait été conservé intact, fut démoli en avril 1796, et transporté aux Petits-Augustins, faubourg Saint-Germain, à Paris, où l'on rassembla tous les monumens qui méritaient d'être conservés pour les arts.

§ III. — EXTRACTION DES CORPS DES ROIS, REINES, PRINCES ET PRINCESSES, ETC., ETC., ENTERRÉS DANS L'ÉGLISE DE L'ABBAYE DE SAINT-DENIS.

LE SAMEDI 12 OCTOBRE 1793.

On a ouvert le caveau des Bourbons, du côté des chapelles souterraines, et on a commencé par en tirer le cercueil de Henri IV, mort le 14 mai 1610, âgé de cinquante-sept ans.

Son corps s'est trouvé bien conservé et les traits du visage parfaitement reconnaissables. Chacun a eu la liberté de le voir jusqu'au lundi 14, qu'on l'a porté dans le chœur, au bas des marches du sanctuaire, où il est resté jusqu'à deux heures après-midi, qu'on l'a déposé dans le cimetière dit des Valois, dans une grande fosse creusée dans le bas dudit cimetière à droite, du côté du nord.

LE LUNDI 14 OCTOBRE 1793,

Après le dîner des ouvriers, vers les trois heures après-midi,

On continua l'extraction des autres cercueils des Bourbons.

Celui de Louis XIII, mort en 1643, âgé de quarante-deux ans.

Celui de Louis XIV, mort en 1715, âgé de soixante-dix-sept ans.

De Marie de Médicis, deuxième femme de Henri IV, morte en 1642, âgée de soixante-huit ans.

D'Anne d'Autriche, femme de Louis XIII, morte en 1665, âgée de soixante-quatre ans.

De Marie-Thérèse, infante d'Espagne, épouse de Louis XIV, morte en 1683, âgée de quarante-cinq ans.

De Louis, Dauphin, fils de Louis XIV, mort en 1711, âgé de près de cinquante ans.

Quelques uns de ces corps étaient bien conservés, surtout celui de Louis XIII, reconnaissable à sa moustache; Louis XIV l'était aussi par ses grands traits, mais il était noir comme de l'encre. Les autres corps, et surtout celui du Grand Dauphin, étaient en putréfaction liquide.

LE MARDI 15 OCTOBRE 1793,

Vers les sept heures du matin,

On a repris et continué l'extraction des cercueils des Bourbons par celui de Marie Leczinska, princesse de Pologne, épouse de Louis XV, morte en 1768, âgée de soixante-cinq ans.

Celui de Marie-Anne-Christine-Victoire de Bavière, épouse de Louis, Grand Dauphin, morte en 1690, âgée de trente ans.

De Louis, duc de Bourgogne, fils de Louis, Grand-Dauphin, mort en 1712, âgé de trente ans.

De Marie-Adélaïde de Savoie, épouse de Louis, duc de Bourgogne, morte en 1712, âgée de vingt-six ans.

De Louis, duc de Bretagne, premier fils de Louis, duc de Bourgogne, mort en 1705, âgé de neuf mois et dix-neuf jours.

De Louis, duc de Bretagne, second fils du duc de Bourgogne, mort en 1712, âgé de six ans.

De Marie-Thérèse d'Espagne, première femme de Louis, Dauphin, fils de Louis XV, morte en 1746, âgée de vingt ans.

De Xavier de France, duc d'Aquitaine, second fils de Louis, Dauphin, mort le 22 février 1754, âgé de cinq mois et demi.

De Marie-Zéphirine de France, fille de Louis, Dauphin, morte le 27 avril 1748, âgée de vingt-et-un mois.

De N., duc d'Anjou, fils de Louis XV, mort le 7 avril 1733, âgé de deux ans sept mois et trois jours.

On a aussi retiré du caveau les cœurs de Louis, Dauphin, fils de Louis XV, mort à Fontainebleau, le 20 décembre 1765, et de Marie-Joseph de Saxe, son épouse, morte le 13 mars 1767.

Leurs corps avaient été enterrés dans la cathédrale de Sens, ainsi qu'ils l'avaient demandé.

Le plomb, en figure de cœur, a été mis de côté, et ce qu'il contenait a été porté au cimetière et jeté dans la fosse commune, avec tous les cadavres des Bourbons. Les cœurs des Bourbons étaient recouverts d'autres cœurs de vermeil ou argent doré, et surmontés chacun d'une couronne aussi d'argent doré. Les cœurs d'argent et leurs couronnes ont été déposés à la municipalité, et le plomb a été remis aux commissaires aux plombs.

Ensuite, on alla prendre les autres cercueils à mesure qu'ils se présentaient à droite et à gauche.

Le premier fut celui d'Anne-Henriette de France, fille de Louis XV, morte le 10 février 1752, âgée de vingt-quatre ans cinq mois et vingt-sept jours.

De Louise-Marie de France, fille de Louis XV, morte le 27 février 1733, âgée de quatre ans et demi.

De Louise-Élisabeth de France, fille de Louis XV, mariée au duc de Parme, morte à Versailles, le 6 décembre 1759, âgée de trente-deux ans trois mois et vingt-deux jours.

De Louis-Joseph-Xavier de France, duc de Bourgogne, fils de Louis, Dauphin, frère aîné de Louis XVI, mort le 22 mars 1761, âgé de neuf à dix ans.

De N. d'Orléans, second fils de Henri IV, mort en 1611, âgé de quatre ans.

De Marie de Bourbon de Montpensier, première femme de Gaston, fils de Henri IV, morte en 1627, âgée de vingt-deux ans.

De Gaston-Jean-Baptiste, duc d'Orléans, fils de Henri IV, mort en 1660, âgé de cinquante-deux ans.

De Marie-Louise d'Orléans, duchesse de Montpensier, fille de Gaston et de Marie de Bourbon, morte en 1693, âgée de soixante-six ans.

De Marguerite de Lorraine, seconde femme de Gaston, morte le 3 avril 1672, âgée de cinquante-huit ans.

De Jean-Gaston d'Orléans, fils de Gaston-Jean-Baptiste et de Marguerite de Lorraine, mort le 10 août 1652, à l'âge de deux ans.

De Marie-Anne d'Orléans, fille de Gaston et de Marguerite de Lorraine, morte le 17 août 1656, à l'âge de quatre ans.

Rien n'a été remarquable dans l'extraction des cercueils faite dans la journée du mardi 15 octobre 1793. La plupart des corps étaient en putréfaction ; il en sortait une vapeur noire et épaisse, d'une odeur infecte, qu'on chassait à force de vinaigre et de poudre qu'on eut la précaution de brûler, ce qui n'empêchait pas les ouvriers de gagner des dévoiemens et des fièvres qui n'ont pas eu de mauvaises suites.

MERCREDI 16 OCTOBRE 1793,

Vers les sept heures du matin,

On a continué l'extraction des corps et cercueils du caveau des Bourbons, en commençant par celui de Henriette-Marie de France, fille de Henri IV, épouse de l'infortuné Charles I*er*, roi d'Angleterre, morte en 1669, âgée de soixante ans ; ensuite par celui de Henriette-Anne Stuart, fille dudit Charles I*er*, et première femme de Monsieur, frère unique de Louis XIV, morte en 1670, âgée de vingt-six ans.

De Philippe d'Orléans, dit Monsieur, frère unique de Louis XIV, mort en 1701, âgé de soixante-et-un ans.

D'Élisabeth-Charlotte de Bavière, seconde femme de Monsieur, morte en 1722, âgée de soixante-dix ans.

De Charles, duc de Berry, petit-fils de Louis XIV, mort en 1714, âgé de vingt-huit ans.

De Philippe d'Orléans, petit-fils de France, régent du royaume sous la minorité de Louis XV, mort le jeudi 2 décembre 1723, âgé de quarante-neuf ans.

D'Anne-Elisabeth de France, fille aînée de Louis XIV, morte le 30 décembre 1662, laquelle n'a vécu que quarante-deux jours.

De Marie-Anne de France, seconde fille de Louis XIV, morte le 28 décembre 1664, âgée de quarante-et-un jours.

De Philippe, duc d'Anjou, fils de Louis XIV, mort le 10 juillet 1671, âgé de trois ans.

De Louis, duc d'Anjou, frère du précédent, mort le 4 novembre 1672, lequel n'a vécu que quatre mois et dix-sept jours.

De Marie-Thérèse de France, troisième fille de Louis XIV, morte le 1er mars 1672, âgée de cinq ans.

De Philippe-Charles d'Orléans, fils de Monsieur, mort le 8 décembre 1666, âgé de deux ans et six mois.

De N., fille de Monsieur, morte en naissant, en 1665.

D'Alexandre-Louis d'Orléans, duc de Valois, fils de Monsieur, mort le 15 mars 1676, âgé de trois ans.

De Charles de Berry, duc d'Alençon, fils du duc de Berry, mort le 16 avril 1718, âgé de vingt-et-un jours.

De N. de Berry, fille du duc de Berry, morte en naissant, le 21 juillet 1711.

De Marie-Louise-Elisabeth, fille du duc de Berry, morte en 1714, douze heures après sa naissance.

De Sophie de France, sixième fille de Louis XV et tante de Louis XVI, morte le 5 mars 1782, âgée de quarante-sept ans sept mois et quatre jours.

De N. de France, dite d'Angoulême, fille du comte d'Artois,

frère de Louis XVI, morte le 23 juin 1783, âgée de cinq mois et seize jours.

De Mademoiselle, fille du comte d'Artois, frère de Louis XVI, morte le 5 décembre 1783, âgée de sept ans quatre mois et un jour.

De Sophie-Hélène de France, fille de Louis XVI, morte le 19 juin 1787, âgée de onze mois et dix jours.

De Louis-Joseph-Xavier, Dauphin, fils de Louis XVI, mort à Meudon, le 4 juin 1789, âgé de sept ans sept mois et treize jours.

SUITE DU MERCREDI 16 OCTOBRE 1793.

A onze heures du matin,

Dans le moment où la reine Marie-Antoinette d'Autriche, femme de Louis XVI, eut la tête tranchée, on enleva le cercueil de Louis XV, mort le 10 mai 1774, âgé de soixante-quatre ans.

Il était à l'entrée du caveau sur un banc ou massif de pierre, élevé à la hauteur d'environ deux pieds, au côté droit en entrant, dans une espèce de niche pratiquée dans l'épaisseur du mur; c'était là qu'était déposé le corps du dernier roi, en attendant que son successeur vînt pour le remplacer, et alors on le portait à son rang dans le caveau.

On n'a ouvert le cercueil de Louis XV que dans le cimetière, sur le bord de la fosse. Le corps, retiré du cercueil de plomb, bien enveloppé de linge et de bandelettes, paraissait tout entier et bien conservé ; mais, dégagé de tout ce qui l'enveloppait, il n'offrait pas la figure d'un cadavre ; tout le corps tomba en putréfaction, et il en sortait une odeur si infecte, qu'il ne fut pas possible de rester présent : on brûla de la poudre, on tira plusieurs coups de fusil pour purifier l'air. On le jeta bien vite dans la fosse, sur un lit de chaux vive, et on le couvrit encore de terre et de chaux.

Les entrailles des princes et princesses étaient aussi dans le caveau, dans des sceaux de plomb, déposés sous les tréteaux de fer qui portaient leurs cercueils ; on les porta au cimetière ; on jeta les entrailles dans la fosse commune. Les sceaux de plomb furent mis de côté pour être portés, comme tous les autres, à la fonderie qu'on venait d'établir dans le cimetière même pour fondre le plomb à mesure qu'on le trouvait.

Vers les trois heures après-midi,

On a ouvert, dans la chapelle dite des Charles, le caveau de Charles V, mort en 1380, âgé de quarante-deux ans, et celui de Jeanne de Bourbon, son épouse, morte en 1378, âgée de quarante ans.

Charles de France, mort enfant, en 1386, âgé de trois mois, était inhumé aux pieds du roi Charles V, son aïeul. Ses petits os, tout-à-fait desséchés, étaient dans un cercueil de plomb ; sa tombe en cuivre était sous le marche-pied de l'autel.

Isabelle de France, fille de Charles V, morte quelques jours après sa mère, Jeanne de Bourbon, âgée de cinq ans, et Jeanne de France, sa sœur, morte en 1366, âgée de six mois et quatorze jours, étaient inhumées dans la même chapelle, à côté de leurs père et mère. On ne trouva que leurs os, sans cercueils de plomb, mais quelques planches de bois pourries.

On a trouvé dans le cercueil de Charles V une couronne de vermeil bien conservée, une main de justice d'argent et un sceptre de cinq pieds de long, surmonté de feuilles d'acanthe d'argent bien doré, dont l'or avait conservé tout son éclat.

Dans le cercueil de Jeanne de Bourbon, son épouse, on a trouvé un reste de couronne, un anneau d'or, les débris de bracelets ou chaînons, un fuseau ou quenouille de bois doré à demi pourri, des souliers de forme fort pointue, en partie consumés, brodés en or et en argent.

Les corps de Charles V et de Jeanne de Bourbon, sa femme, de Charles VI et de sa femme, de Charles VII et de sa femme, retirés de leurs cercueils, ont été portés dans la fosse des Bourbons ; après quoi cette fosse a été couverte de terre, et on en a fait une autre à gauche de celle des Bourbons, dans le fond du cimetière, où l'on a déposé les autres corps trouvés dans l'église.

LE JEUDI 17 OCTOBRE 1793,

Le matin,

On a fouillé dans le tombeau de Charles VI, mort en 1422, âgé de cinquante-quatre ans, et dans celui d'Isabeau de Bavière, sa femme, morte en 1435.

On n'a trouvé dans leurs cercueils que des ossemens desséchés. Leur caveau avait été enfoncé lors de la démolition du mois d'août dernier. On mit en pièces et en morceaux leurs belles statues de marbre, et on pilla ce qui pouvait être précieux dans leurs cercueils.

Le tombeau de Charles VII, mort en 1461, âgé de cinquante-neuf ans, et celui de Marie d'Anjou, sa femme, morte en 1463, avaient aussi été enfoncés et pillés.

On n'a trouvé dans leurs cercueils qu'un reste de couronne et de sceptre d'argent doré.

Une singularité de l'embaumement du corps de Charles VII, c'est qu'on y avait parsemé du vif-argent, qui avait conservé toute sa fluidité. On a observé la même singularité dans quelques autres embaumemens de corps des quatorzième et quinzième siècles.

LE MÊME JOUR, 17 OCTOBRE 1793,

L'après-dîner,

Dans la chapelle Saint-Hippolyte, on a fait l'extraction de deux cercueils de plomb de Blanche de Navarre et de Jeanne de France, sa fille, morte en 1371, âgée de vingt ans.

On n'a pas trouvé la tête de cette dernière; elle a été vraisemblablement dérobée, il y a quelques années, lors d'une réparation faite à l'ouverture du caveau.

On a ensuite fait l'ouverture du caveau de Henri II, qui était fort petit. On en tira d'abord deux cœurs, un gros et l'autre moindre. On ne sait de qui ils viennent, étant sans inscription. Ensuite, quatre cercueils, 1°. celui de Marguerite de France, femme de Henri IV, morte le 27 mar 1615, âgée de soixante-deux ans; 2°. celui de François, duc d'Alençon, quatrième fils de Henri II, mort en 1584, âgé de 30 ans; 3°. celui de François II, qui n'a régné qu'un an et demi, et qui mourut le 5 décembre 1560, âgé de dix-sept ans; 4°. d'une fille de Charles IX, nommée Elisabeth de France, morte le 2 avril 1578, âgée de six ans.

Avant la nuit,

On a ouvert le caveau de Charles VIII, mort en 1498, âgé de vingt-huit ans.

Son cercueil de plomb était posé sur des tréteaux ou barres de fer; on n'a trouvé que des os presque desséchés.

LE VENDREDI 18 OCTOBRE 1793,

Vers les sept heures du matin,

On a continué l'extraction des cercueils du caveau de Henri II et on en a tiré quatre grands cercueils :

Celui de Henri II, mort le 10 juillet 1559, âgé de quarante ans et quelques mois.

Celui de Catherine de Médicis, sa femme, morte le 5 janvier 1589, âgée de soixante-dix ans.

Celui de Henri III, mort le 2 août 1589, âgé de trente-huit ans.

Celui de Louis, duc d'Orléans, second fils de Henri II, mort au berceau.

Ceux de Jeanne de France et de Victoire de France, toutes deux filles de Henri II, mortes en bas âge.

Ces cercueils étaient posés les uns sur les autres, sur trois lignes; au premier rang, à main gauche en entrant, étaient les cercueils de Henri II, de Catherine de Médicis, sa femme, et de Louis d'Orléans, leur second fils; le cercueil de Henri II était posé sur des barres de fer, et les deux autres sur celui de Henri II.

Au second rang, au milieu du caveau, étaient quatre autres cercueils, placés les uns sur les autres, et les deux cœurs ci-dessus mentionnés étaient posés dessus.

Au troisième rang, à main droite du chœur, se trouvaient quatre cercueils: celui de Charles IX, porté sur des barres de fer, en portait un grand (celui de Henri III) et deux petits.

Dessous les tréteaux, ou barres de fer, étaient posés les cercueils de plomb. Il y avait beaucoup d'ossemens; ce sont probablement des ossemens trouvés dans cet endroit, lorsqu'en 1719, on a fouillé pour faire le nouveau caveau des Valois, qui était auparavant construit dans l'endroit même où l'on a déposé les restes des princes et princesses, au fur et à mesure qu'on en a découvert.

LE MÊME JOUR, 18 OCTOBRE 1793,

On est descendu dans le caveau de Louis XII, mort en 1515, âgé de cinquante-trois ans. Anne de Bretagne, sa femme, morte en 1514, âgée de trente-sept ans, était dans le même caveau, à côté de lui.

On a trouvé sur leurs cercueils deux couronnes de cuivre doré.

Dans le chœur, sous la croisée septentrionale, on a ouvert le tombeau de Jeanne de France, reine de Navarre, fille de Louis X, dit le Hutin, morte en 1349, âgée de trente-huit ans.

Elle était enterrée aux pieds de son père, sans caveau; une pierre creuse, tapissée de plomb intérieurement, et couverte d'une autre pierre toute plate, renfermait ses ossemens; on n'a trouvé dans son cercueil qu'une couronne de cuivre doré.

Louis X, dit le Hutin, n'avait pas non plus de cercueil de plomb, ni de caveau; une pierre creuse, en forme d'auge, tapissée en dedans de lames de plomb, renfermait ses os desséchés, avec un reste de sceptre et de couronne de cuivre rongés par la rouille; il était mort en 1316, âgé de près de vingt-sept ans.

Le petit roi Jean, son fils posthume, était à côté de son père, dans une petite tombe ou auge de pierre revêtue de plomb, n'ayant vécu que quatre jours.

Près du tombeau de Louis X était enterré, dans un simple cercueil de pierre, Hugues, dit le Grand, comte de Paris, mort en 956, père de Hugues Capet, chef de la race des Capétiens. On n'a trouvé que les os en poussière.

Au milieu du chœur, on découvrit la fosse de Charles-le-Chauve, mort en 877, âgé de cinquante-quatre ans.

On n'a trouvé, bien avant dans la terre, qu'une espèce d'auge en pierre, dans laquelle était un petit coffre qui contenait le reste de ses cendres. Il était mort de poison, en deçà du mont Cénis, sur les confins de la Savoie, dans une chaumière du village de Brios, à son retour de Rome. Son corps fut mis en dépôt au prieuré de Mantui, du diocèse de Dijon, d'où il fut transporté, sept ans après, à Saint-Denis.

LE SAMEDI 19 OCTOBRE 1793.

La sépulture de Philippe, comte de Boulogne, fils de Philippe-Auguste, mort en 1223.

On n'a rien trouvé de remarquable, sinon la place de la tête du prince, creusée dans son cercueil de pierre.

Nous remarquerons la même chose pour celui de Dagobert.

Le cercueil de pierre, en forme d'auge, d'Alphonse de Poitiers, frère de saint Louis, mort en 1271.

Il ne contenait que des cendres; ses cheveux étaient bien conservés; mais, ce qui peut être remarquable, c'est que le dessous de la pierre qui couvrait son cercueil était tacheté, coloré et veiné de jaune et de blanc comme du marbre. Les exhalaisons fortes du cadavre ont pu produire cet effet.

Le corps de Philippe-Auguste, mort en 1223, était entièrement consommé. La pierre, taillée en dos d'âne, qui couvrait le cercueil de pierre, était arrondie du côté de la tête.

Le corps de Louis VIII, père de saint Louis, mort le 8 novembre 1226, âgé de quarante ans, s'est trouvé aussi presque consommé. Sur la pierre qui couvrait son cercueil était sculptée une croix en demi-relief.

On n'y a trouvé qu'un sceptre de bois pourri, son diadème, qui n'était qu'une bande d'étoffe tissue en or, avec une grande calotte d'une étoffe satinée, assez bien conservée. Le corps avait été enveloppé dans un drap ou suaire tissu d'or; on en trouva encore des morceaux assez bien conservés.

Son corps, ainsi enseveli, avait été recousu dans un cuir fort épais qui était bien conservé.

Il est le seul que nous ayons trouvé dans un cuir. Il est vraisemblable qu'on ne l'a fait pour lui, que pour que son cadavre n'exhalât pas au dehors de mauvaise odeur dans le transport qu'on en fit de Montpensier en Auvergne, où il mourut à son retour de la guerre contre les Albigeois.

On fouilla, au milieu du chœur, au bas des marches du sanctuaire, sous une tombe de cuivre, pour trouver le corps de Marguerite de Provence, femme de saint Louis, morte en 1295. On creusa bien avant en terre, sans rien trouver : enfin on découvrit, à gauche de la place où était sa tombe, une auge de pierre, remplie de gravois, parmi lesquels étaient une rotule et deux petits os.

Dans la chapelle de Notre-Dame-la-Blanche, on a ouvert le caveau de Marie de France, fille de Charles IV, dit le Bel, morte en 1341, et de Blanche, sa sœur, duchesse d'Orléans, morte en 1392.

Le caveau était rempli de décombres, sans corps et sans cercueils.

En continuant la fouille dans le chœur, on a trouvé, à côté du tombeau de Louis VIII, celui où avait été déposé saint Louis, mort en 1270. Il était plus court et moins large que les autres; les ossemens en avaient été retirés lors de sa canonisation, en 1297.

La raison pour laquelle son cercueil était moins large et moins long que les autres, c'est que, suivant les historiens, ses chairs furent portées en Sicile; on n'a apporté à Saint-Denis que les os, pour lesquels il a fallu un cercueil moins grand que pour le corps entier.

On a ensuite décarrelé le haut du chœur, pour découvrir les autres cercueils cachés sous terre. On a trouvé celui de Philippe-le-Bel, mort en 1014, âgé de quarante-six ans.

Ce cercueil était de pierre et recouvert d'une large dalle. Il n'y avait pas d'autre cercueil que la pierre creusée, en forme d'auge, plus large à la tête qu'aux pieds, et tapissée en dedans d'une lame de plomb, et une forte et large lame, aussi de plomb, scellée sur les barres de fer qui fermaient le tombeau. Le squelette était tout entier; on a trouvé un anneau d'or, un sceptre de cuivre doré, de cinq pieds de long, terminé par une touffe de feuillage, sur laquelle était représenté un oiseau de cuivre doré.

Le soir, à la lumière.

On a ouvert le tombeau en pierre du roi Dagobert, mort en 638. Il avait six pieds de long; la pierre était creusée pour recevoir la tête qui était séparée du corps. On a trouvé un coffre de bois, d'environ deux pieds du long, garni en dedans de plomb, qui renfermait les os de ce prince et ceux de Nanthilde, sa femme, morte en 642. Les ossemens étaient enveloppés dans une touffe de soie, séparés les uns des autres par une planche intermédiaire qui partageait le coffre en deux parties ; sur un des côtés de ce coffre était une lame de plomb, avec cette inscription :

Hic jacet corpus Dagoberti.

Sur l'autre côté, une lame de plomb portait :

Hic jacet corpus Nanthildis.

On n'a pas trouvé la tête de la reine Nanthilde. Il est probable qu'elle sera restée dans l'endroit de sa première sépulture, lorsque saint Louis les fit retirer pour les placer dans le tombeau qu'il leur fit élever dans le lieu où il se voit aujourd'hui.

DIMANCHE 20 OCTOBRE 1793.

On a travaillé à détacher le plomb qui couvrait le dedans du tombeau de pierre de Philippe-le-Bel. On a fouillé auprès de la sépulture de saint Louis, dans l'espérance d'y trouver le corps de Marguerite de Provence, sa femme.

On n'a rien trouvé qu'une auge de pierre sans couverture, remplie de terre et de gravois.

Dans cet endroit devait être aussi le corps de Jean Tristan, comte de Nevers, fils de saint Louis, mort en 1270, quelques jours avant son père, près de Carthage, en Afrique.

Dans la chapelle dite des Charles, on a retiré le cercueil de plomb de Bertrand Duguesclin, mort en 1380. Son squelette était tout entier, la tête bien conservée, les os bien propres et tout-à-fait desséchés. Auprès de lui était le tombeau de Bureau de la Rivière, mort en 1400. Il n'avait guère que trois pieds de long; on en a retiré le cercueil de plomb.

Après bien des recherches, on a trouvé l'entrée du caveau ap François 1er, mort en 1547, âgé de cinquante-deux ans.

Ce caveau était grand et bien voûté; il contenait six corps renfermés dans des cercueils de plomb, posés sur des barres de fer : celui de François 1er; celui de Louise de Savoie, sa mère, morte en 1531; de Claudine de France, sa femme, morte en 1524, âgée de vingt-cinq ans; de François, Dauphin, mort en 1536, âgé de dix-neuf ans; de Charles, son frère, duc d'Orléans, mort en 1544, âgé de vingt-trois ans; et celui de Charlotte, sa sœur, morte en 1524, âgée de huit ans.

Tous ces corps étaient en pourriture et en putréfaction liquide, et exhalaient une odeur insupportable; une eau noire coulait à travers leurs cercueils de plomb dans le transport qu'on en fit au cimetière.

On a repris la fouille dans la croisée méridionale du chœur; on a trouvé une auge ou tombe de pierre, remplie de gravois. C'était le tombeau de Pierre Beaucaire, chambellan de saint Louis, mort en 1270.

Sur le soir.

On a trouvé, près la grille du côté du midi, le tombeau de Mathieu de Vendôme, abbé de Saint-Denis et régent du royaume sous saint Louis et sous son fils, Philippe-le-Hardi, mort en 1286, le 5 septembre, au commencement du règne de Philippe-le-Bel.

Il n'avait point de cercueil, ni de pierre, ni de plomb; il avait été mis en terre dans un cercueil de bois, dont on trouva encore des morceaux de planches pourries. Le corps était entièrement consommé; on n'a trouvé que le haut de sa crosse de cuivre doré, et quelques lambeaux de riches étoffes, ce qui marque qu'il avait été enseveli avec ses plus beaux ornemens d'abbé.

LE LUNDI 21 OCTOBRE 1793.

Au milieu de la croisée du chœur, on a levé le marbre qui couvrait le petit caveau où on avait déposé, au mois d'août 1791, les ossemens et cendres de six princes et une princesse de la famille de saint Louis, transférés en cette église de l'abbaye de Royaumont, où ils étaient embaumés. Les cendres et ossemens ont été retirés de leurs coffres ou cercueils de plomb, et portés au cimetière, dans la seconde fosse commune où Philippe Auguste, Louis VIII, François Ier et toute sa famille avaient été portés.

Dans l'après-midi.

On a commencé à fouiller dans le sanctuaire, à côté du grand autel, à gauche, pour trouver les cercueils de Philippe-le-Long mort en 1322; de Charles IV, dit le Bel, mort en 1328; de Jeanne d'Evreux, troisième femme de Charles IV, morte en 1370; de Philippe de Valois, mort en 1350, âgé de cinquante-sept ans; de Jeanne de Bourgogne, femme de Philippe de Valois, morte en 1348; et celui du roi Jean, mort en 1364.

LE MARDI 22 OCTOBRE 1793.

Dans la chapelle des Charles, le long du mur de l'escalier qui conduit au chevet, on a trouvé deux cercueils l'un sur l'autre; celui de dessus, de pierre carrée, renfermant le corps d'Arnaud-Guillem de Barbazan, premier chambellan de Charles VII, mort en 1431; celui de dessous, couvert de lames de plomb, contenait le corps de Louis de Sancerre, connétable sous Charles VI, mort en 1402, âgé de soixante ans.

La tête de ce dernier était encore garnie de cheveux longs et partagés en deux cadenettes.

On a levé ensuite la pierre qui couvrait les tombeaux en pierre de l'abbé Suger et de l'abbé Troon, le premier, mort en 1151, et le second, en 1221.

On n'y a trouvé que des os en poussière.

On a continué la fouille dans le sanctuaire, du côté de l'évangile, et on a découvert, bien avant dans la terre, une grande pierre plate, qui couvrait les tombeaux de Philippe-le-Long, et des autres.

On s'en tint là, et pour finir la journée, on alla dans la chapelle, dite des Lépreux, lever la tombe de Sédille de Sainte-Croix, femme de Jean Pastourelle, conseiller du roi Charles V, morte en 1380.

On n'a trouvé que des ossemens consommés.

LE MERCREDI 23 OCTOBRE 1793.

On a repris, du matin, le travail qu'on avait laissé la veille, pour la découverte des tombeaux du sanctuaire.

On trouva d'abord celui de Philippe de Valois, qui était de pierre, tapissé intérieurement de plomb, fermé par une forte lame de même métal soudée sur des barres de fer, le tout couvert d'une longue et large pierre plate.

On a trouvé une couronne et un sceptre surmonté d'un oiseau de cuivre.

Plus près de l'autel, on a découvert le tombeau de Jeanne de Bourgogne, première femme de Philippe de Valois.

On a trouvé son anneau d'argent, un reste de quenouille ou fuseau, et des os tout desséchés.

LE JEUDI 24 OCTOBRE 1793.

A gauche de Philippe de Valois était Charles-le-Bel. Son tombeau était construit comme celui de Philippe de Valois.

On y a trouvé une couronne d'argent doré,

un sceptre de cuivre doré haut de près de sept pieds, un anneau d'argent, un reste de main de justice, un bâton de bois d'ébène, un oreiller de plomb pour reposer la tête; le corps était desséché.

LE VENDREDI 25 OCTOBRE 1793.

Le tombeau de Jeanne d'Evreux avait été remué; la tombe était brisée en trois morceaux, et la lame de plomb qui fermait le cercueil était détachée.

On ne trouva que des os desséchés sans la tête; on ne fit pas d'information; il y avait néanmoins apparence qu'on était venu dans la nuit précédente dépouiller ce tombeau.

Au milieu, on trouva le tombeau en pierre de Philippe-le-Long.

Son squelette était bien conservé, avec une couronne d'argent doré, enrichie de pierreries, une agrafe de son manteau en losange, avec une autre petite d'argent qui faisait partie de sa ceinture d'étoffe satinée, avec une boucle d'argent doré et un sceptre de cuivre doré.

Auprès de son cercueil, on trouva un petit caveau où était le cœur de Jeanne de Bourgogne, femme de Philippe de Valois, enfermé dans une cassette de bois pourri.

L'inscription était sur une lame de cuivre.

On a aussi découvert le tombeau du roi Jean, mort en 1364 en Angleterre, âgé de cinquante-six ans.

On y a trouvé une couronne, un sceptre fort haut, mais brisé, une main de justice, le tout d'argent doré. Son squelette était entier.

QUELQUES JOURS APRÈS.

Les ouvriers avec les commissaires aux plombs ont été au couvent des Carmélites faire l'extraction du cercueil de madame Louise de France, fille de Louis XV, morte le 23 décembre 1787, âgée de cinquante ans et environ six mois. Ils l'ont apporté dans le cimetière, et le corps a été déposé dans la fosse commune.

Il était tout entier, mais en pleine putréfaction; ses habits de carmélite étaient très-bien conservés.

SUPPLÉMENT.

Le 18 janvier 1794, le tombeau de François Ier étant démoli, il fut aisé d'ouvrir celui de Marguerite, comtesse de Flandre, fille de Philippe-le-Long, et femme de Louis, comte de Flandre, morte en 1382, âgée de soixante-six ans. Elle était dans un caveau assez bien construit; son cercueil de plomb était posé sur des barres de fer; on n'y trouva que des os bien conservés et quelques restes de planches de bois de châtaigner. Mais on n'a pas trouvé la sépulture du cardinal de Retz, dit le Coadjuteur, mort en

1679, âgé de soixante-six ans; non plus celle de plusieurs autres grands personnages.

§ V. — CHASSES DÉTRUITES. — PARTICULARITÉS EXTRAORDINAIRES SURVENUES LORS DE L'EXHUMATION DE TROIS CERCUEILS D'ARGENT RENFERMANT LES RELIQUES DE SAINT DENIS ET SES COMPAGNONS, DES OSSEMENS DE SAINTE GENEVIÈVE, DES CORPS DE HENRI IV, DE LOUIS XIV ET DE MARIE-LOUISE DE BOURBON, SUPÉRIEURE DES CARMÉLITES.

Après avoir gémi sur l'anéantissement de ces milliers de tombeaux qui renfermaient tant d'augustes et d'illustres personnages, le lecteur me pardonnera sans doute d'augmenter ses douloureux regrets du récit de la destruction de quelques châsses, et de la profanation impie des restes vénérés qu'elles contenaient, et encore d'y ajouter la narration de quelques particularités extraordinaires survenues au moment des exhumations.

Art. 1er. — Trois cercueils d'argent renfermant les reliques de saint Denis et ses compagnons.

Trois cercueils (1) d'argent, de la longueur de deux pieds et demi environ, renfermaient

(1) Appelés ainsi, au lieu de châsse, parce que leur forme était exactement celle d'une bière.

les reliques de saint Denis et de ses deux compagnons martyrs. Les dessus de ces cercueils étaient en dos d'âne. Ils étaient placés dans le massif intérieur de la chapelle Saint-Denis-du-Chevet ; on les descendait par derrière l'autel, en ouvrant un tableau qui masquait le massif de pierre dans lequel on avait creusé une ouverture pour les placer.

Ces cercueils, comme tous les autres objets, ont été présentés à la Convention nationale, et de là, à la Monnaie.

Quant aux ossemens, ils en ont été retirés, suivant un procès-verbal ; mais que sont-ils devenus ?

Art. 2. — Châsse de sainte Geneviève.

Ces forcenés, continuant leurs profanations impies, volèrent à la châsse de sainte Geneviève.

Cette vierge de Nanterre, qui y naquit l'an 422, respectée et chérie des rois, des prélats et des peuples qui, tous, la regardaient comme un ange tutélaire ; cette pieuse fille, qui eut l'honneur d'élever la première chapelle sur les tombeaux des saints martyrs, ainsi qu'on l'a vu ci-devant, qui engagea Clovis et Clotilde à faire ériger, à Paris, l'église de Saint-Pierre et Saint-

Paul, appelée depuis Sainte-Geneviève; cette sainte dont le corps fut porté avec pompe près celui de Clovis, et qui, jusqu'à la révolution, resta exposé à la vénération des fidèles; celle encore pour qui saint Eloi fit, en 630, une châsse magnifique, que saint Louis renouvela; celle enfin que les Parisiens ont regardée comme leur patrone et même comme la protectrice de toute la France : eh bien! la châsse de cette vierge incomparable a subi le même sort que tous les autres monumens de ce genre. Et ses ossemens si vénérés, qui le croirait! ont été brûlés au milieu d'une populace effrénée, sur la place de Grève, au bord de cette partie même de la Seine, où, durant les horreurs de la famine et de la guerre auxquelles les Parisiens étaient en proie, sainte Geneviève, par son courage et sa piété vint à bout d'amener d'Arcis-sur-Aube et de Troyes onze grands bateaux chargés de farine, malgré les dangers qu'elle eut à essuyer en allant et en revenant. O honte des Français ! ô barbare cité !

Art. 3. — Exhumation de Henri IV.

Le corps de ce bon roi, ainsi que le suaire dont il était enveloppé, étaient bien conservés; son visage était très-reconnaissable. Il fut déposé dans le passage de la chapelle basse, où il resta deux jours, adossé à une grosse pierre, livré, jusqu'au lundi 14, aux insultes de la canaille qui s'y était rassemblée, jusqu'au moment qu'on le porta dans le chœur, où il resta jusqu'à deux heures après-midi, qu'on le déposa dans le cimetière des Valois, ainsi qu'il a été ci-devant dit.

REMARQUE. Une femme qui passa pour être aliénée, s'avance vers ce corps inanimé, lui fait un crime irrémissible d'avoir été roi, le frappe à la joue et le renverse par terre; mais les militaires présens, soit qu'ils fussent doués d'un meilleur caractère, et, quoique républicains, ils ne regardassent au moins Henri IV comme ayant été un grand capitaine, ne prennent aucune part pour ce fait à la fureur de la populace, qui outrageait si abominablement les restes tant vénérés du roi modèle de bonté. Mu par un sentiment d'enthousiasme, l'un d'eux se précipite sur le corps du vainqueur de la Ligue, admire ses traits en silence, et avec un respect religieux lui enlève une mêche de sa barbe, en s'écriant avec énergie « Et moi aussi, je suis » soldat français; désormais je ne veux pas » d'autres moustaches, et je marcherai toujours » à la victoire! » et disparaît.

Art. 4. — Exhumation de Louis XIV.

On sait que l'on posait sur les degrés du caveau des rois le cercueil du dernier mort, et que ce dernier roi y restait jusqu'à l'arrivée de son successeur, pour prendre possession de son tombeau, ce qui se fait encore maintenant.

Vainement Louis XIV attendait ses deux derniers fils; l'un s'était précipité dans le fond de l'abîme, en laissant son aïeul sur le seuil, et l'autre disparut dans la tourmente révolutionnaire.

J'emprunte à l'illustre auteur du *Génie du Christianisme* la description de l'événement singulier survenu au moment où les exécrables satellites furent frappés de stupeur en précipitant dans l'abîme, encombré d'ossemens arrachés aux sépultures royales, le corps de Louis XIV, bien conservé et reconnaissable par ses grands traits; mais dont la figure était noire comme de l'encre : « Chose digne de mé-
» ditation ! Le premier monarque que les en-
» voyés de la justice divine rencontrèrent fut
» ce Louis si fameux par l'obéissance que les
» nations lui portaient. Il était encore tout en-
» tier dans un cercueil. En vain, pour défendre

» son trône, il parut s'élever (1) avec la majesté
» de son siècle et une arrière-garde de huit
» siècles de rois; en vain, son geste menaçant
» épouvanta les ennemis des morts, lorsque,
» précipité dans une fosse commune, il tomba
» sur le sein de Marie de Médicis, tout fut dé-
» truit. Dieu, dans l'effusion de sa colère, avait
» juré par lui-même de châtier la France; ne
» cherchons point sur la terre les causes de pa-
» reils événemens; elles sont plus haut. »

Art. 5. — Exhumation de madame Marie-Louise de France, supérieure des Carmélites.

Le vendredi 23 octobre 1793, les mêmes ouvriers, avec les commissaires aux plombs, volèrent aux Carmélites, pour arracher de sa tombe le cercueil qui contenait le corps de madame Marie-Louise de France, huitième et dernière fille de Louis XV, morte le 23 décembre 1787, âgée de cinquante ans. Ils apportèrent le cercueil de cette auguste princesse dans le cimetière des Valois, et jetèrent son corps dans la fosse commune, à gauche, après l'avoir retiré tout entier, mais en pleine putré-

(1) On dit que son corps resta debout au moment où on le jeta dans la fosse.

faction, à l'exception de ses habits de carmélite, qui étaient très-bien conservés.

Ainsi fut anéantie cette antique abbaye, berceau de la foi de nos pères, objet spécial de leur culte, et principalement celui de nos rois, qui la trouvèrent digne de leur pieuse libéralité.

Depuis Dagobert, tous les rois prirent l'apôtre des Gaules pour protecteur de leurs états et de leur personne.

Nul doute qu'il ne se soit glissé, parmi les religieux de tous les ordres en général, de grands abus, de grandes erreurs et beaucoup de tiédeur; aussi, l'on pourrait peut-être dire que le Ciel, toujours juste dans sa vengeance, les en a frappé d'une manière bien terrible; mais oublions leurs méfaits, pour ne nous ressouvenir que des innombrables services qu'ils n'ont cessé de rendre à la religion, aux souverains, aux peuples et surtout aux lettres. En effet, cette abbaye n'a-t-elle pas formé dans son sein, au grand art de régner, plusieurs héritiers du trône?

On connaît les sages et habiles régens qu'elle a donnés. Les chefs suprêmes de l'Eglise, tant persécutés par les Lombards, n'y ont-ils pas trouvé une retraite inviolable? Qui plus que cette célèbre abbaye n'exerça l'hospitalité envers les hommes de tous rangs et de tous pays?

Combien de différends survenus entre les maîtres de la terre n'a-t-elle pas terminés? N'est-ce pas elle, enfin, qui reçut l'abjuration solennelle de notre bon Henri? qui nourrit, dans les temps de disette, les habitans de Paris, et tous les jours des milliers de pauvres de la ville de Saint-Denis, confiés à ses soins? Pouvait-elle faire un plus noble emploi de ses richesses immenses?

Elle et ses trésors ne sont plus, mais l'histoire conservera toujours dans ses annales le souvenir de ses bienfaits.

QUATRIÈME PÉRIODE.

Continuation de l'Histoire moderne de l'Église et de la Ville de Saint-Denis.

DEUXIÈME SECTION.

SOMMAIRE.

Rétablissement de l'église de Saint-Denis sous le consulat de Bonaparte. — Nouvel ordre des tombeaux et monumens dans l'intérieur de l'église. — Objets dignes d'admiration contenus dans l'église depuis sa restauration. — Caveaux et église souterraine. — Exhumation des ossemens de Louis XVI et de Marie-Antoinette. — Leur inhumation dans le caveau des Bourbons. — Fouilles des fosses où étaient déposés les ossemens des rois. — Leur restitution à l'église de Saint-Denis. — Assassinat du duc de Berry et ses funérailles. — Mort de Louis XVIII et avénement de Charles X au trône. — Funérailles de Louis XVIII. — Description des tombeaux, cénotaphes et autres monumens des rois, reines, princes et princesses qu'ils contenaient, tels qu'on les voit maintenant.

§ Ier. — RÉTABLISSEMENT DE L'ÉGLISE DE SAINT-DENIS SOUS LE CONSULAT DE BONAPARTE.

En 1804, le premier consul, qui avait rétabli le culte dès l'an 1799, le 15 décembre, ordonna la restauration de l'église de Saint-Denis, tant de fois réédifiée, dévastée et relevée de ses ruines.

Devenu empereur, le 28 floréal (18 mars même année), il rendit, le 20 février 1806, le décret suivant : « L'église de Saint-Denis est con-
» sacrée à la sépulture des empereurs. Un cha-
» pitre, composé de dix chanoines, est chargé de
» desservir cette église. Ces chanoines sont choisis
» parmi les évêques âgés de plus de soixante ans,
» et qui se trouvent hors d'état d'acquitter l'exer-
» cice de leurs fonctions ; ils jouissent dans
» cette retraite des honneurs, prérogatives et
» traitemens attachés à l'épiscopat. Le grand-
» aumônier de sa majesté est chef de ce cha-
» pitre. »

Par un autre décret, Napoléon ordonna la construction de trois chapelles expiatoires sur l'emplacement des tombeaux des rois des trois races. Des tables de marbre noir devaient contenir les noms des rois dont les monumens funèbres avaient existé dans l'église ; et une quatrième dans le lieu destiné à la sépulture des empereurs.

En 1809, cette église fut reblanchie entièrement par des ouvriers italiens. On voyait, jusqu'alors, les traces de sa magnificence primitive ; partout brillaient l'or, le rouge, le bleu et le violet : ces riches couleurs rappelaient l'usage et la manière de peindre les mosaïques dans le dernier âge, les édifices religieux et les tombeaux. Ces peintures étaient une imitation dont les anciens décoraient les murs des temples avant la décadence des arts au quatrième siècle.

A ces riches décorations ont succédé les tentures en tapisseries représentant des sujets sacrés.

En 1812, après avoir vaincu et s'être emparé presque du monde entier, Napoléon s'avisa de songer à son tombeau. Il fit, à cet effet, réparer et disposer les caveaux pour sa dynastie.

Ainsi, dépouillée en 1792 et 1793, cette église, par les décrets de l'empereur, reprenait, dès-lors, mais pour une nouvelle dynastie, sa première destination ; et l'on peut dire que Napoléon la vengea du plus affreux sacrilége qui, dans ce temps déplorable, ait jamais affligé l'histoire d'un grand peuple.

Le décret impérial de 1806, réveilla la plaintive élégie et autorisa même à publier ses chants funèbres que, dans les jours néfastes, elle soupira sur les ruines de Saint-Denis et sur la violation des sépultures. Ce décret consolateur contribua à rétablir, parmi nous, le respect dû aux tombeaux et à rallumer dans nos cœurs notre amour antique pour la monarchie.

Depuis 1806 jusqu'en 1814, Napoléon donna annuellement, pour rétablir le désastre révolutionnaire, et faire, dans ce temple antique, tous les changemens projetés, une somme de 300,000 francs. Depuis la restauration jusqu'en 1830, le gouvernement donna 100,000 francs, et la chambre des députés alloua, en 1833, 135,000 francs pour achever entièrement la restauration de cette basilique.

On peut dire avec vérité que cet édifice, dont tout a été changé depuis le décret impérial, à l'exception des murs principaux, s'élève aujourd'hui plus imposant et plus magnifique que jamais. On en peut juger par les immenses changemens qui y ont été faits et qui s'y font encore maintenant par les soins de M. Debret (1), un des plus habiles architectes de Paris, qui est bien secondé par M. Mesnager, architecte-adjoint de l'église royale de Saint-Denis.

Bâtie à diverses reprises, on remarque, dans cette église, de l'irrégularité dans les parties qui nous offrent les différens goûts d'architecture, de sculpture, etc., qui ont régné à diffé-

(1) Voir la notice biographique de M. Debret, à la fin de ce volume.

rentes époques. Malgré toutes ces difformités, l'ensemble de ce vaste temple est d'un très-beau gothique. La façade nous présente un reste de l'ancien édifice élevé sous Charlemagne. On admire généralement sa structure et la légèreté des diverses parties de ce majestueux monument. Son vaisseau porte 335 pieds de long sur 90 de hauteur.

On se rappelle que cette église fut rebâtie, en 1231, par les bienfaits de saint Louis et de la reine Blanche, et qu'en 1281, sous Philippe-le-Hardi, le chœur et le chevet furent achevés. Les trois portes étaient autrefois admirées, à cause des bas-reliefs en bronze dorés dont elles étaient couvertes. Le grand buffet d'orgue n'existe plus ; il était un ouvrage moderne de Duval, et porté sur une arcade de plus de quarante pieds de haut et de toute la largeur de l'église. Il sera remplacé par un autre, pour la construction duquel on a donné trois ans.

Les grilles de fer qui sont à l'entrée et de chaque côté du chœur méritent d'être remarquées par la beauté du travail.

Il en existait une autre, au-devant du chœur, plus riche encore et qui avait pour amortissement une croix d'or garnie de pierreries, ouvrage que l'on attribuait à saint Eloy. Elle a été supprimée.

§ I. — NOUVEL ORDRE DES TOMBEAUX ET MONUMENS DANS L'INTÉRIEUR DE L'ÉGLISE.

Art. 1ᵉʳ. — Tombeau de Dagobert.

En entrant dans l'église, le monument qu'on aperçoit sous les quatre piliers qui soutiennent le grand clocher est le tombeau de Dagobert, déposé long-temps dans les jardins du musée des Petits-Augustins et restauré avec soin.

Voici la description de ce monument (1) :
« Il représente une chapelle gothique, sculptée
» en pierre de liais; il est décoré d'une infinité
» de petits ornemens en feuillage, suivant les
» formes adoptées en architecture à la suite des
» croisades. »

Les sujets qui composent les trois bas-reliefs qui forment le fond de la chapelle jettent beaucoup d'intérêt sur ce précieux monument.

« Un nommé Ansoalde, dit Montfaucon, re-
» venant de son ambassade de Sicile, aborda à
» une petite île où il y avait un vieux anacho-
» rète nommé Jean, dont la sainteté attirait
» bien des gens dans cette île, qui venaient se
» recommander à ses prières. Ansoalde entra

---

(1) Lenoir, tome 1ᵉʳ, page 135.

TOMBEAU DE DAGOBERT Iᵉʳ.

» en conversation avec ce saint homme, et,
» étant tombé sur les Gaules et sur le roi
» Dagobert, Jean lui dit qu'ayant été averti
» de prier Dieu pour l'ame de ce prince, il
» avait vu sur la mer des diables qui tenaient
» le roi Dagobert lié sur un esquif et le me-
» naient, en le battant, au *manoir de Vulcain;*
» que Dagobert criait, appelant à son secours
» saint Denis, saint Maurice et saint Martin, les
» priant de le délivrer et de le conduire au
» sein d'Abraham. Ces saints coururent après
» les diables, leur arrachèrent cette ame et
» l'amenèrent au ciel en chantant des versets
» de pseaumes. »

Pour trouver la suite de ces reliefs, il faut commencer par le bas et les suivre en remontant. D'abord on aperçoit, tout en bas, Dagobert, étendu mort, les mains jointes ; et au-dessus de lui, on lit l'inscription suivante :

« Ci-gist Dagobert premier, fondateur de
» céans, vii roi, en l'an 632 jusques à 645. »

On voit à la bande du dessus, Dagobert mourant et saint Denis qui l'exhorte.

Après vient un arbre qui marque, suivant la mode ancienne, que ce qui suit n'a aucune liaison avec la première représentation. Après l'arbre, on remarque une barque flottant sur la mer, chargée de diables qui tiennent l'ame de Dagobert, et au-dessus on lit cette inscription :

« Saint Denis révèle à saint Jean, anacho-
» rète, que l'ame de Dagobert est ainsi tour-
» mentée. »

A la bande de dessus, on aperçoit deux anges, ensuite saint Denis et saint Martin qui viennent sur les flots. Arrivés à la barque, ils arrachent des mains des diables l'ame de Dagobert ; on en voit quelques uns tomber la tête la première dans les flots. L'inscription au-dessus dit :

« L'ame de Dagobert est délivrée par les mé-
» rites de saint Denis, saint Martin et saint
» Maurice. »

Enfin, dans la dernière bande au-dessus, saint Denis, saint Martin et saint Maurice tiennent l'ame de Dagobert debout dans un drap ; on y voit un ange de chaque côté et deux autres qui encensent l'ame.

En haut, à la pointe, saint Denis et saint Martin sont à genoux devant Abraham, et le prient de recevoir cette ame dans son sein.

On voyait, adossées à chaque pilier, la statue de la reine Nanthilde, femme de Dagobert, et celle du roi Clovis, leur fils. Ces statues ont été brisées.

Les inscriptions dont parle Montfaucon, les dorures et autres décorations à l'eau d'œuf qui ornaient cette chapelle ont été recouvertes, depuis les remarques de cet auteur, par une couche de peinture à l'huile.

OBSERVATION SUR CE MOMUMENT.

Cette espèce de chapelle sépulcrale, dont on vient de lire la description, ne date point du temps de Dagobert Ier. Les Normands, qui ravagèrent impitoyablement une partie de la France, ayant détruit, à cette époque, l'ancien tombeau, Louis IX la fit construire à la suite des restaurations qu'il fit faire dans l'abbaye de Saint-Denis, après la mort de Suger et à la sollicitation de Blanche, sa mère. (1).

Art. 2. — Tombeau de Nanthilde.

Sous la droite en entrant, vis-à-vis le monument de Dagobert, on a placé le tombeau de la reine Nanthilde, qui faisait autrefois la face

---

(1) Voyez, au sujet de ce monument, ce qui en a été dit ci-devant, lors de sa démolition.

de celui de son époux. On y remarque des losanges, des sculptures du seizième siècle et des bas-reliefs qui y étaient autrefois.

Art. 3. — Tombeau de François Ier.

Le mausolée de François Ier, en marbre blanc, se trouve du même côté que celui de Nanthilde, dans la dernière chapelle latérale.

Ce superbe monument est orné de seize colonnes cannelées, d'ordre ionique, qui soutiennent une voûte décorée de sculptures. Les figures nues de François Ier et de sa femme (la reine Claude) sont couchées sous la voûte, et en état de mort. Ces deux statues, sublimes par leur exécution et la connaissance profonde de l'anatomie, sont dues à Pierre Bontemps, sculpteur, né à Paris. Elle sont posées sur une estrade ornée d'une frise en relief, représentant les batailles de Marignan et de Cérisoles, dites batailles des géants. La grande voûte, composée d'arabesques et de bas-reliefs, exécutés par Germain Pilon, représente des génies éteignant le flambeau de la vie. L'allégorie de J.-C., vainqueur des ténèbres, exprime ingénieusement l'immortalité de l'ame; et ces deux figures intéressantes sont enveloppées par les quatre prophètes de l'Apocalypse.

TOMBEAU DU ROI FRANÇOIS I.ᵉʳ

TOMBEAU DU ROI LOUIS XII ET DE LA REINE ANNE DE BRETAGNE.

Ce magnifique monument funèbre, érigé, en 1550, au restaurateur des arts, a été construit sur les dessins de Philippe de Lorme, abbé d'Ivry et ordonnateur des bâtimens et manufactures de France. Les seize colonnes, dont la proportion est de six pieds, supportent l'entablement, au-dessus duquel sont placées cinq figures sculptées en marbre blanc, savoir : François Ier et Claude sa femme, vêtus en habit de cour et à genoux devant leur prie-Dieu; les trois autres, aussi à genoux, sont François, dauphin, Charles, duc d'Orléans, ses deux fils, et Charlotte de France, sa fille, morte à huit ans.

Les plafonds arabesques qui couvrent les deux passages, et tous les ornemens qui décorent ce tombeau, sont dus à Ambroise Perret, Jacques Chantrel, Bastien Galles, Pierre Bigoigne et Jean de Bourges (1).

Art. 4. — Tombeau de Louis XII (2).

Le tombeau de Louis XII et d'Anne de Bretagne, exécuté en marbre blanc par Paul Ponce

---

(1) Tout ceci est mentionné dans les *Mémoires de la Chambre des Comptes*, du 28 février 1555.

(2) Ce monument est un des premiers qu'on ait vu en France, dans le goût antique.

Trébati, venu en France en 1560, se trouve en face du mausolé de François Ier.

Les statues de Louis XII et d'Anne de Bretagne, représentés dans leur état de mort, sont d'une exécution parfaite. Ces corps effrayans par la vérité des expressions et le livide de l'homme qui a cessé de vivre, sont etendus sur un cénotaphe et entourés de douze arcades ornées d'arabesques les plus recherchées, dans lesquelles sont placés les douze apôtres qui offrent à l'admirateur des beautés dans le style et dans le choix des attitudes.

Les quatre vertus cardinales, plus fortes que la nature, et qui, malheureusement, ont été mutilées à l'époque de la dévastation, mais qui ont été bien restaurées, sont assises aux quatre angles de ce monument. Le tout est posé sur un socle orné de bas-reliefs représentant les batailles données en Italie par les Français, l'entrée triomphale de Louis XII dans la ville de Gênes, et principalement la bataille d'Agnadel. Les reliefs sont d'une exécution parfaite.

Le roi et la reine à genoux (de même en marbre blanc), vêtus en habit de cour, sont placés au-dessus de la corniche.

On croit qu'une grande partie de ce beau monument a été fabriquée à Tours, par Jean Juste, sculpteur, et l'autre partie, pour les

TOMBEAU DES VALOIS.

figures seulement, à Paris, hôtel de Saint-Paul, par Paule Ponce.

Art. 5. — Tombeau de Henri II, dit des Valois.

Ce tombeau de Henri II est placé après et à côté de celui de Louis XII.

Ce chef-d'œuvre, en beau marbre blanc et orné de douze colonnes et de douze pilastres en marbre bleu turquin, surmontés de chapiteaux de l'ordre composite, a été exécuté sur les dessins de Philibert Delorme, et après sa mort, qui eut lieu en 1577, il fut continué par Primatrice, appelé à lui succéder à la place d'intendance des bâtimens du roi.

La hauteur de ce beau mausolée est de quatorze pieds, sa largeur de dix et sa longueur de douze et demi.

Les corps de Henri II et de Catherine de Médicis sont représentés, en état de mort, comme étendus sur un lit; ils sont en marbre blanc. Le sentiment profond de sensibilité qui respire dans cette composition funèbre attendrit vivement le spectateur. On voit, au-dessus de l'entablement, les statues en bronze de Henri II et de sa femme, vêtus en habit de cérémonie, à genoux devant des prie-Dieu. Quatre figures de bronze, plus grandes que nature, sont placées aux angles de ce monument et représentent les quatre vertus cardinales. Les quatre bas-reliefs qui sont au soubassement représentent la Foi, l'Espérance, la Charité et les Bonnes OEuvres.

« Ce fut, dit M. Lenoir, Catherine de Médicis
» qui entreprit de bâtir ce magnifique monu-
» ment. Peu après la mort de Henri II, elle en
» ordonna l'exécution à Germain Pilon, son
» sculpteur particulier, et voulut être repré-
» sentée nue et comme endormie auprès de son
» mari. Cet artiste célèbre, l'un des fondateurs de
» l'école française, a été au-dessus de lui-même
» dans la composition de ces morceaux, qui sont
» autant de chefs-d'œuvre ; il a su allier avec
» adressse la sévérité du style de Michel-Ange
» à la grâce de Primatrice, qui dirigeait alors
» les arts dépendans du dessin (1). »

§ III. — OBJETS DIGNES D'ADMIRATION CONTENUS DANS L'ÉGLISE DE SAINT-DENIS DEPUIS SA RESTAURATION.

Art. 1er. — Sa nouvelle restauration.

La façade latérale du nord, depuis 1833, a été entièrement restaurée dans sa hauteur. On a remplacé par des terrasses en pierre d'un

---

(1) Lenoir, tome 3. p. 87.

grand appareil les combles en tuile qui couvraient le rond-point et la basse-nef. La nef de l'église peut être regardée comme reconstruite de fond en comble. La petite galerie du pourtour de l'église était obstruée par les combles; elle a été remise à jour et doit être garnie de vitraux de couleur. On a également refait à neuf les contreforts, pyramides, arcs-boutans et clochetons; le pignon du grand comble entre les tours a été reconstruit. On admire déjà des vitraux en verres de couleur et au camaïeux qui décorent les chapelles placées derrière le chœur.

Les réparations qui restent à faire et qui sont indispensables sont le portail, les tours et l'immense pyramide élevée sur l'une d'elles, seuls travaux importans à terminer. M. de Gasparin, pair de France, ministre de l'intérieur, en venant visiter cette superbe basilique, le 29 septembre 1836, en a été convaincu, et a donné l'espoir que les chambres alloueraient un nouveau crédit pour la restauration d'un monument dont chaque partie se rattache à une des époques de notre histoire.

Art. 2.—Nouvelles chapelles.

Cette église comprenait autrefois un grand

nombre de chapelles, ainsi qu'on l'a vu par la description que j'en ai donnée; le nombre en a été considérablement réduit depuis les nouveaux embellissemens. Voici celle des nouvelles.

La première, placée derrière le chœur, et qui fait le plus grand honneur à M. Debret, est celle de la Sainte-Vierge.

Les bas-reliefs de l'autel représentent la naissance du Sauveur, l'adoration des Mages et la fuite en Egypte. La statue de la sainte Vierge est de Laitié, et les verres de couleur dépendent des anciens vitraux. Tout y est admirable.

De chaque côté de cette jolie chapelle se trouvent celles suivantes, dont je ne donne que les noms des saints sous l'invocation desquels elles ont été érigées.

1°. Autel, autrefois saint Osmane, aujourd'hui saint Lazare.

2°. Saint Maurice et saint Vincent.

3°. Saint Benoît.

4°. Sainte Geneviève.

5°. Saint Eugène.

6°. Saint Grégoire.

7°. Saint Jean-Baptiste.

A droite et à gauche de l'entrée du chœur :

Autel funèbre de Stanislas, l'autre de saint Michel,

Toutes ces chapelles sont d'un très-bon goût.

On admire principalement les marbres précieux, le grand candélabre surmonté de girandoles de cuivre doré d'or moulu, les belles grilles en fer enrichies de bronze doré, dont les ornemens sont d'un goût excellent; elles ont été commencées sous Célérie, architecte, et terminées par M. Debret. On admire encore le superbe autel revêtu de marbre vert d'Egypte, orné d'un bas-relief en vermeil représentant l'enfant Jésus adoré par les bergers. Les armes de France décorent les côtés de l'autel, qui étaient autrefois parsemés de fleurs-de-lis, mais depuis la révolution de juillet 1830, elles ont disparu.

Au fond du chœur s'élève un reliquaire d'un style gothique, au-dessous duquel on voit un siége destiné au prélat qui officie dans les grandes cérémonies. Il renferme des reliques de saint Denis et ses compagnons.

Art. 3. — Le chœur d'hiver.

On remarque, à droite, une belle et grande chapelle, appelée le chœur d'hiver, établie pour les chanoines, afin d'y célébrer l'office pendant la saison rigoureuse.

On y voit, à droite en entrant, une statue de la sainte Vierge, qui remonte au siècle de saint

Louis, et au maître-autel, un tableau de grande dimension, représentant le martyre de saint Denis, saint Rustique et saint Eleuthère. Ce tableau, qui est de Crayer (1), est très-estimé et de très-grande valeur.

Art. 4 — Colonnes expiatoires.

On remarque encore dans cette église, aux deux côtés de la porte d'entrée, deux colonnes expiatoires, l'une destinée à porter le buste de Henri IV, et l'autre consacrée au cardinal de Bourbon. Deux autres colonnes placées à la gauche de la nef, aux deux côtés de la porte, dont l'une est torse; celle-ci est consacrée à Henri III, l'autre est érigée à la mémoire de Henri II.

Art. 5. — La Sacristie. — Tableaux dont elle est décorée.

La nouvelle sacristie, qui est d'une grande magnificence, a été exécutée d'après les ordres de Napoléon, qui l'orna des tableaux dont on va lire la description ; car, dans ces derniers temps,

---

(1) Crayer (Gaspard), peintre d'Anvers, mort à Gand, en 1569. Le célèbre Rubens le regardait comme son émule, et ce n'est pas un petit éloge pour ce peintre.

et même encore à présent, la peinture et l'architecture se sont réunies pour partager l'honneur d'enrichir de leurs productions la cathédrale de Saint-Denis.

1°. La prédication de saint Denis, par Monsiau.

2°. Dagobert ordonnant la reconstruction de l'église de Saint-Denis, par Ménageot.

3°. L'institution de l'église de Saint-Denis comme sépulture des rois, par Garnier.

4°. La dédicace de l'église de Saint-Denis, en présence de Charlemagne (1), par Meynier.

5°. Saint Louis faisant placer, dans l'église de Saint-Denis, les cénotaphes qu'il avait fait ériger aux rois ses prédécesseurs, par Landon.

6°. Saint Louis recevant l'oriflamme, à Saint-Denis, avant son départ pour la Terre-Sainte, par Le Barbier aîné.

7°. Philippe III portant sur ses épaules les dépouilles mortelles de saint Louis, par Guérin.

8°. Charles-Quint venant visiter l'église de Saint-Denis, où il est reçu par François Ier, accompagné de ses deux fils et des seigneurs de sa cour, par Gros.

9°. Le couronnement de Marie de Médicis, à Saint-Denis, par Monsiau.

(1) Et non Charles-Quint, comme le dit Dulaure.

10°. Fouilles des ossemens des Bourbons pendant la révolution, par Heim.

§ IV. — CAVEAUX ET ÉGLISES SOUTERRAINES.

Art. 1ᵉʳ. — Coup-d'œil général sur les caveaux des rois de France.

Les anciens tombeaux de nos premiers rois, ornés de leurs statues, que l'on voit aujourd'hui à Saint-Denis et ailleurs, ne doivent être regardés que comme des cénotaphes élevés long-temps après, pour marquer l'ancienne sépulture de ces rois. Il est même presque certain qu'il n'existe plus aucun tombeau de la seconde race, quoiqu'il y ait apparence que, depuis Charlemagne, on ait orné les sépultures de statues et de figures, comme le tombeau de cet empereur. Il est probable que tous les tombeaux que l'on voit à Saint-Denis, soit de la seconde, soit de la troisième race, jusqu'aux enfans de saint Louis, ne sont que de simples représentations, toutes faites par ordre de ce saint roi, à l'exception des tombeaux de Dagobert et de Charles-le-Chauve, qui paraissent avoir été refaits du temps de Suger, ou peu après.

Art. 2. — Caveau des Bourbons.

Ce caveau, du temps de Napoléon, qui lui

avait donné son nom, resta vide pourtant pendant la courte durée de cette dynastie impériale; un corps y fut déposé, ce fut celui du jeune Louis, fils de Louis Bonaparte, ci-devant roi de Hollande, mort âgé de six à huit ans. Mais l'antique famille des Bourbons devait bientôt reprendre son rang dans le séjour de la mort. En 1814, ce petit prince, qui avait usurpé la place consacrée à la légitimité, en fut lui-même retiré et porté dans le cimetière de la ville, pour la laisser au roi martyr, le premier de l'auguste famille qui avait été privé de la sépulture royale, et qui, après vingt-deux ans d'exil, devait être le premier qui rentrât dans le caveau sépulcral de ses aïeux.

Ce caveau est le même que celui où étaient inhumés les princes de la famille royale, dont on avait seulement changé la forme et la disposition. Pour pouvoir le rendre à sa destination primitive, on fut contraint d'y faire quelques changemens.

Dans le dernier temps, sous la voûte de l'église souterraine, on a pratiqué une entrée qui est fermée de portes verticales, et reportée, comme autrefois, sous la croisée supérieure, à gauche du chœur, sous le pavé qui se lève en cet endroit, et qui offre une ouverture semblable à une fosse.

Trois dalles couvrent l'escalier par lequel on y descend les rois, lors de leur inhumation.

Il existe une autre entrée pratiquée par Bonaparte, et qui aboutit à la galerie souterraine. Cette entrée, qui est à la place où les forcenés avaient percé la muraille pour violer la sépulture des Bourbons, s'appelle la porte de profanation; elle est murée, et les deux portes d'airain qui la fermaient s'y voient, mais elles sont dégondées.

V. — EXHUMATION DES OSSEMENS DE LOUIS XVI ET DE MARIE-ANTOINETTE, ET LEUR INHUMATION DANS LE CAVEAU DES BOURBONS.

Ce fut au mois de mai 1814 que, voulant procéder à l'exhumation des dépouilles mortelles de Louis XVI et de Marie-Antoinette, Louis XVIII ordonna des enquêtes à ce sujet; il en résulta ce qui suit :

M. François-Silvain Renard, premier vicaire de M. Picavez, curé de la Madeleine, d'après les instances de son pasteur et les ordres du pouvoir exécutif, prêta son ministère aux tristes funérailles, plus que modestes, de l'auguste martyr. Il fit la déclaration de tous les faits auxquels il avait pris part, et qui eurent lieu dans cette affreuse circonstance, lesquels sont consignés au *Moniteur* du 21 janvier 1815. Cette déclaration se termine par cette phrase :

« Avant de descendre dans la fosse, le corps
» de sa majesté, découvert dans la bierre, fut
» jeté au fond de ladite fosse, distante de dix
» pieds environ du mur, d'après les ordres du
» pouvoir exécutif, sur un lit de chaux vive,
» recouverte d'un lit de terre, et le tout forte-
» ment battu et à plusieurs reprises. »

Extrait du Moniteur du jour précité.

« Le sieur Dominique-Emmanuel d'Anjou
» déposa qu'il avait été également témoin à
» l'inhumation de Louis XVI et de sa majesté la
» reine; qu'il les avait vus tous deux descendre
» dans la fosse, dans des bierres découvertes
» qui ont été chargées de chaux et de terre;
» que la tête du roi, séparée du corps, était
» placée entre ses jambes; qu'il n'avait jamais
» perdu de vue une place devenue si précieuse,
» et qu'il regardait comme sacrée, quand il a vu
» faire par son beau-père l'acquisition du ter-
» rain déjà enclos de murs qu'il a fait rehausser
» pour plus grande sûreté; que le carré où se
» trouvaient les corps de leurs majestés a été
» entouré, par ses soins, d'une charmille fer-

» mée; qu'il y a été planté des saules pleureurs
» et des cyprès. »

Ainsi qu'on l'a vu par le témoignage ci-dessus de M. d'Anjou, l'infortunée Marie-Antoinette-Joseph-Jeanne de Lorraine, archiduchesse d'Autriche, fille de la célèbre Marie-Thérèse et sœur de Joseph II, née à Vienne, le 2 novembre 1755, mariée à Louis XVI le 16 mai 1770, ayant éprouvé le même sort que son époux le 16 octobre 1793, fut inhumée de la même manière que son époux (1).

Les informations et l'audition des témoins étant terminées, le chancelier de France, accompagné de la commission nommée à cet effet, se rendit à l'ancien cimetière de la Madeleine, rue d'Anjou-Saint-Honoré, n° 45. Alors on procéda, en sa présence, à la recherche des deux corps qui se trouvèrent en partie consumés.

(1) On remarque un singulier rapprochement dans le nombre 16. La reine épousa Louis 16 le 16 mai 1770, et monta à l'échafaud le 16 octobre 1793.
Mais un autre rapprochement bien plus extraordinaire relatif à Louis XVI. La ville de Paris, à l'occasion de la naissance de son second fils, lui donna un bal qu'il ouvrit en dansant un menuet avec la femme du premier échevin. On observe que cette fête, cette union de ce bon monarque à ses sujets, eut lieu le 21 janvier 1782, et que, onze ans après, le même jour et la même ville le virent monter à l'échafaud.

Ces restes vénérés furent enfermés dans deux boites de plomb et transportés avec pompe et dans un morne silence à Saint-Denis, le 21 janvier 1815, vingt-deuxième anniversaire de la mort de Louis XVI.

Les absoutes et les cérémonies d'usage étant terminées, on descendit dans le caveau les corps du roi et de la reine, accompagnés par Monsieur le comte d'Artois et ses deux fils.

Au lieu de l'oraison funèbre, Louis XVIII ordonna qu'on lirait le testament du roi martyr dans le service solennel qu'il institua dans toutes les villes du royaume.

Plus tard, l'anniversaire de la mort de Marie-Antoinette a été réuni à celui du 21 janvier, époque à laquelle on lit également son testament.

§ VI. — FOUILLES DES FOSSES OU ÉTAIENT DÉPOSÉS LES OSSEMENS DES ROIS. — LEUR RESTITUTION A L'ÉGLISE DE SAINT-DENIS.

En 1816, le 24 avril, il fut rendu une ordonnance royale pour que les ossemens des trois races qui ont régné sur la France, et qui ont été arrachés de leurs tombeaux par les ultra-révolutionnaires, fussent restitués à l'église de

Saint-Denis. Les plus amples informations eurent lieu à cet effet. Dès-lors on procéda à la fouille des deux fosses qui avaient été creusées au cimetière des Valois, à la place qu'occupa, jusqu'au dix-huitième siècle, la superbe sépulture que Catherine de Médicis (1) fit ériger; monument qui est contigu à la croisée de l'église, côté du septentrion.

On sait que c'était là qu'existait, depuis 1719, époque de la destruction de ce beau mausolée (2), le cimetière de l'abbaye. Une de ces deux fosses était consacrée à la branche des Bourbons, et la seconde à celle des Valois. La première contenait tous les restes des Bourbons, depuis Henri IV, et la seconde ceux des rois de diverses races.

Il ne fut trouvé que des ossemens entassés pêle-mêle et en état de dessiccation parfaite. Les ossemens des Valois furent enfermés dans quatre cercueils, et ceux des Bourbons dans un seul. On les déposa d'abord dans une chapelle ar-

(1) Elle mourut en 1569, à Blois, où son corps resta vingt ans. Il fut ensuite transporté à Saint-Denis, dans la chapelle des Valois.

(2) Louis-Philippe d'Orléans, régent du royaume, fit transporter dans ses magasins les colonnes et les marbres précieux qui décoraient cette chapelle; ensuite, son petit-fils les employa dans le parc de Monceax.

dente, et après toutes les cérémonies religieuses terminées, ils furent transportés dans les deux caveaux qui leur étaient respectivement destinés. Après leur introduction, ces deux caveaux furent scellés de suite. Ils portent, sur leur face intérieure, chacun une table de marbre noir qui indique le nom, l'âge et la date de la mort des illustres personnages qu'ils contiennent.

§ VII. — ASSASSINAT DU DUC DE BERRY. — SES FUNÉRAILLES.

Le 13 février 1820, époque du carnaval, un nouveau Ravaillac fit encore couler, dans Paris, le sang des Bourbons.

Louvel (c'est le nom du monstre), armé d'un poignard, se tenant en embuscade à la sortie de l'Opéra, saisit le moment où le duc de Berry venait de donner la main à son auguste épouse pour monter en voiture, s'empare aussitôt de lui et lui plonge l'arme meurtrière dans le sein. Ce prince infortuné, dans le premier instant, ne se croit frappé que d'un coup de poing; mais le froid du poignard lui fait porter la main à l'endroit de la blessure, il le touche, le retire et s'écrie : « Ciel! je suis mort!... » et soudain, son sang rejaillit sur la princesse qui s'évanouit; mais le prince accablé lui dit : « Reviens à toi, Caroline... Songe à l'enfant

» qui se meut dans ton sein ! » Le coup était mortel... Aux portes du trépas, le petit-fils de Henri IV montre sa belle ame, pardonne à son assassin, prie même pour lui, demande au roi de lui accorder sa grâce, et, dans cette nuit fatale, en présence du roi et de toute la famille royale, il meurt en chretien!!! Sa mort fut sublime.

Son corps fut d'abord déposé chez le gouverneur du Louvre, et ensuite porté dans l'ancien appartement de Henri IV, où l'on avait dressé une chapelle ardente. Tous les corps civils et militaires lui rendirent les derniers devoirs. Suivis de toute leur maison, les ducs d'Orléans et de Bourbon, avec le cortége d'étiquette, allèrent jeter de l'eau bénite.

Le 22 février, le cortége nombreux et imposant se mit en marche pour conduire le prince à Saint-Denis. A l'arrivée du convoi, le cercueil fut retiré du char funèbre par douze gardes-du-corps et emporté dans l'entrée de la nef. Le chapitre de Saint-Denis, précédé de son doyen, vint recevoir le corps à la porte de l'église et le coeur des mains de l'évêque d'Amiens.

Après toutes les cérémonies religieuses, le corps fut transporté dans la chapelle Saint-Louis. Les drapeaux funèbres, que portaient douze officiers de la garde-nationale, furent placés par eux autour du catafalque.

Le 14 mars suivant fut consacré à la cérémonie des obsèques, auxquelles assistèrent Louis XVIII, le duc et la duchesse d'Orléans, les ducs de Chartres et de Bourbon, et toutes les autorités civiles et militaires.

L'office terminé, le corps fut porté de même par les douze gardes-du-corps au bord de la fosse qui sert d'entrée au caveau des Bourbons. On y descendit le corps du prince et l'entrée fut fermée à l'instant.

§ VIII. — FUNÉRAILLES DE LOUIS XVIII. — AVÉNEMENT DE CHARLES X AU TRÔNE.

Louis XVIII, malade depuis long-temps, fit sa dernière visite à Notre-Dame à l'occasion du *Te Deum* célébré pour l'heureuse issue de la guerre d'Espagne. Sa dernière promenade eut lieu le 3 septembre 1834. Il reçut l'extrême-onction le 13, et le 16, à quatre heures du matin, il exhala le dernier soupir. L'inquiétude était empreinte sur toutes les figures. Mais ce qui ne peut se décrire, c'est surtout l'état déplorable des princes et des princesses de sa famille réunis autour du lit de douleur du monarque tant regretté.

A peine ce bon roi a-t-il cessé de vivre, qu'un cri sinistre se fait entendre : « *Le roi est mort !* » Soudain les sanglots retentissent dans toute la chambre. Le roi Charles X, madame la dauphine, tous à leur exemple, se précipitent sur ce corps dont l'ame s'était déjà élevée vers le ciel. Peu après, tous ceux qui étaient dans les appartemens passent dans une autre pièce. Charles X, après un instant de recueillement auprès du lit de son auguste frère, sort précédé du comte de Damas, qui ouvre les deux battans et dit : « *Le roi, Messieurs !* » Aussitôt les princes et le grands officiers se prosternent à ses pieds. A quatre heures un quart, le chancelier et les ministres sont admis auprès du roi et prennent ses ordres. Le roi alors fait expédier des lettres closes pour les archevêques, évêques et pour les cours du royaume.

Le jeudi 23 septembre, après l'arrivée du dauphin, des ducs d'Orléans et de Bourbon au château des Tuileries, on fit immédiatement la levée du corps de Louis XVIII, qui fut transporté à Saint-Denis. Une salve de cent coups de canon le gros bourdon de Notre-Dame et toutes les cloches de Paris annoncèrent le départ de l'immense et pompeux cortége. Arrivé à Saint-Denis, le corps fut présenté aux chanoines qui étaient venus au-devant, mais seulement jusqu'à la porte de l'église.

Les prières terminées, le grand-aumônier, qui portait le cœur, alla le déposer en avant du catafalque, et le cercueil, porté par les gardes-du-corps, fut placé sur ce catafalque et ensuite déposé dans une chapelle ardente, où il resta exposé jusqu'au 23 octobre 1824, jour indiqué pour les funérailles. Pendant cet intervalle, tous les assistans, tous les habitans des communes furent admis à jeter l'eau bénite.

Rien de plus imposant que la magnificence du deuil exécuté dans la basilique pour la grande cérémonie de l'inhumation du corps, qui eut lieu le 25 octobre 1824, et rien n'est comparable au lugubre aspect de l'appareil funèbre de l'intérieur. Cette basilique était voilée par des tentures de velours noir et d'hermine parsemées de fleurs-de-lis d'or, qui, interceptant la clarté du jour, était remplacée par l'éclat de plusieurs milliers de lumières.

C'est au milieu de cet océan de lumières que s'élevait le cénotaphe du feu roi. Le corps fut transporté de la chapelle ardente sur le catafalque, dont la splendeur était sans exemple.

La pompe funèbre de l'inhumation, dont une salve d'artillerie et de mousqueterie annonça le commencement, ainsi que l'oraison funèbre prononcé par M. de Fressinous, évêque d'Hermopolis, firent une telle impression qu'elles excitèrent les pleurs et les gémissemens de ceux qui assistaient aux funérailles d'un monarque si justement regretté et qui offraient au ciel le tribut de leur pieuse douleur.

Après toutes les cérémonies d'usage dont il serait trop long de donner ici la description, douze gardes-du-corps portèrent le cercueil et le descendirent dans la tombe royale. M. le duc d'Uzès, en mettant le bout de bâton du grand-maître de France dans le caveau, dit à haute voix : « *Le roi est mort!* » et les héraults d'armes de répéter trois fois : « *Le roi est mort!* » et tous de dire : « *Prions Dieu pour son ame!* » Après une courte prière, M. d'Uzès retire son bâton et l'élève en criant : « *Vive le roi!* » Le roi d'armes répète trois fois : « *Vive le roi! Vive Charles dixième du nom!* » qui est de même répété de tous les assistans avec la plus vive allégresse, au bruit des trompettes, tambours, fifres et autres instrumens qui se font entendre. Mais, à cet élan d'espérance succèdent bientôt les sentimens pieux et lugubres, lorsque la tombe se referme sur les restes mortels du monarque qui, à son retour de l'exil, fut salué du nom de Louis-le-Désiré.

§ VIII. — DESCRIPTION DES TOMBEAUX, CÉNOTAPHES ET AUTRES MONUMENS, TELS QU'ON LES VOIT MAINTENANT DANS LA CRYPTE DE L'ÉGLISE DE SAINT-DENIS (1).

On ne peut, sans être frappé du néant des grandeurs, et sans éprouver la plus sombre mélancolie, parcourir ces voûtes sépulcrales où sont rangés les nombreux cénotaphes dans lesquels jadis reposaient paisiblement les dépouilles mortelles de tant de rois et d'augustes personnages des trois dynasties, dont les figures sont classées par ordre chronologique sur des tables de marbre, et placées par caveaux, chapelles et niches.

On y pénètre par deux entrées pratiquées à droite et à gauche de chaque côté du chœur; mais la principale entrée est en face le monument de Henri II.

---

(1) Voyez les notices biographiques des rois, reines, prince et princesses dont je ne donne ici que les noms, la date de leur naissance et de leur mort, pour la commodité des visiteurs. Afin de compléter le précis historique de l'histoire de France que j'ai promis, j'ai ajouté les biographies des rois qui n'ont point de cénotaphes dan   crypte.

1er CAVEAU.

Race Mérovingienne.

CLOVIS ET CLOTILDE (*statues*).

Clovis, né en 467, baptisé en 496, premier roi chrétien, meurt le 27 novembre 511.

Clotilde épouse Clovis en 493, meurt en 543.

Ces deux statues de Clovis et de Clotilde, sculpture du VIe siècle, ont six pieds de proportion. Elles tiennent une place remarquable parmi les monumens de l'histoire de France de cette époque.

FRAGMENT ANTIQUE

Trouvé dans les déblais du caveau central, en 1806.

CLOTAIRE Ier,

Roi de Soissons en 511, mort en 566.

CHÉREBERT OU CHARIBERT (*buste*),

Succède à son père en 561, meurt en 567.

On voit dans ce caveau les figures gravées d'Ultrogote, femme de Childebert, d'Ingonde, femme de Clotaire, et d'Ingoburge, femme de Caribert.

CÉNOTAPHES DU BAS-EMPIRE,

Placés dans deux enfoncemens.

FRAGMENT DE BAS-RELIEF.

Il est placé au-dessous du cénotaphe ci-dessus, trouvé à Saint-Denis. Il indique le séjour des Romains.

SAINT-DENIS. 181

FRAGMENT DE MOSAÏQUE,

Provenant des chapelles circulaires qui étaient pavées ainsi.

2ᵉ CAVEAU.

CHILPÉRIC Iᵉʳ ET FRÉDÉGONDE.

Chilpéric règne en 561, meurt assassiné par Frédégonde en 584.

Frédégonde, sa femme, morte en 596.

CLOTAIRE II ET BERTRUDE.

Clotaire règne à l'âge de 4 ans, meurt en 628.
Bertrude, sa femme, morte en 620.

Les deux tombes ci-dessus sont gravées en creux.

On voit dans ce caveau deux fragmens en mosaïque.

DAGOBERT ET NANTHILDE (*bustes*).

Dagobert Iᵉʳ, règne en 628, meurt en 634.
Nanthilde, sa seconde femme, morte en 642.

Ils sont posés sur des pilastres couronnés de chapiteaux composés de figures en relief d'un style gothique. Celui de Nanthilde représente une tête entre deux lions.

3ᵉ CAVEAU

CLOVIS II,

Fils de Dagobert, mort à la fleur de l'âge, en 655.

CHILDÉRIC II,

Mort, assassiné avec sa femme Blichilde, en 673.

CHARLES MARTEL,

Fils de Pépin-le-Gros, règne sous le simple titre de duc des Français, en 719, meurt en 741.

Race Carlovingienne.

PÉPIN (LE BREF),

Fils de Charles Martel, mort en 768.

BERTHE,

Mère de Charlemagne, morte en 783.

CHARLEMAGNE, *statue.*

Charlemagne, fils de Pépin, né en 742, mort le 28 janvier 814.

4ᵉ CAVEAU

LOUIS 1ᵉʳ (LE DÉBONNAIRE), *statue.*

Louis 1ᵉʳ, mort le 20 juin 840.

CHARLES II (LE CHAUVE) ET ERMENTRUDE.

Charles II, fils de Louis Iᵉʳ, né le 15 juin 823, meurt empoisonné le 5 ou 6 octobre 877.

Ermentrude, sa femme, morte en 869.

LOUIS II (LE BÈGUE), *statue.*

Louis II, né le 1ᵉʳ novembre 843, meurt le 10 avril 879.

CHARLES III (LE SIMPLE), *statue.*

Louis III, né le 17 septembre 879, meurt le 7 octobre 929.

LOUIS III,

Fils de Louis II, mort le 4 août 882.

CARLOMAN,

Fils de Louis II, frère de Louis III, mort le 6 décembre 884.

SAINT-DENIS. 183

CHARLES (LE GROS), *statue par Gaule.*
Charles-le-Gros, roi de Germanie et empereur, mort en 888.

EUDES,
Fils de Robert, proclamé roi en 888, meurt en janvier 898.

LOUIS IV (D'OUTREMER), *statue par Dumont.*
Louis IV, mort le 13 novembre 954.

LOTHAIRE,
Fils de Louis IV, né en 939, meurt en 956.

5ᵉ CAVEAU.

Race Capétienne.

HUGUES CAPET,
Chef de la troisième race, mort le 24 octobre 996.

ROBERT (LE PIEUX) ET CONSTANCE D'ARLES.
Robert, fils de Hugues Capet, mort le 20 juillet 1251.
Constance, sa femme, morte en 1032.

HENRI Iᵉʳ,
Fils de Robert, mort le 4 août 1060.

LOUIS VI (LE GROS),
Fils de Philippe Iᵉʳ, mort en 1107.

PHILIPPE,
Fils de Louis VI, mort le 13 octobre 1131.

LOUIS VII ET CONSTANCE DE CASTILLE.
Louis VII, mort le 18 octobre 1180.
Constance, sa femme, morte en 1160.

1ʳᵉ *Niche.*

LOUIS VIII (LE LION) ET BLANCHE DE CASTILLE.
Louis VIII, fils de Philippe-Auguste, né le 5 septembre 1187
meurt le 8 novembre 1226.
Blanche, sa femme, morte le 1ᵉʳ novembre 1252.

1re CHAPELLE. — 6e CAVEAU.

LOUIS IX ET MARGUERITE DE PROVENCE, *bustes.*

Louis IX, fils de Louis VIII, né le 3 avril 1215, meurt le 25 août 1270,

Marguerite, sa femme, morte en 1295.

DEUX PIERRES GRAVÉES EN CREUX

Provenant de l'église Sainte-Catherine.

Ces deux pierres, qui sont placées, l'une sous saint Louis, l'autre sous Marguerite de Provence, représentent la fondation du monastère de Sainte-Catherine-du-Val-des-Ecoliers, en 1200, par les sergens d'armes, après la victoire qu'ils remportèrent au pont de Bovines (1). On y lit sur chacune une inscription que cette notice succincte ne me permet pas de transcrire ici.

CHARLES DE FRANCE, COMTE D'ANJOU,

Frère de saint Louis, né en 1220, meurt le 7 janvier 1285.

PHILIPPE, DIT DAGOBERT,

Fils de Louis VIII, né en 1221, meurt jeune.

LOUIS,

Fils de saint Louis, né le 21 septembre 1243, meurt en 1260.

BLANCHE,

Fille de saint Louis, née à Jaffa, en 1252, meurt en 1320.

---

(1) Ces sergens d'armes furent institués par Philippe-Auguste pour la garde de sa personne, menacée par le Vieux de la Montagne.

2ᵉ Niche.

PIERRE D'ALENÇON (COMTE),

Fils de saint Louis, mort en 1283.

LOUIS ET PHILIPPE D'ARTOIS,

Fils de Pierre d'Alençon, morts tous deux en 1291.

2ᵉ CHAPELLE.

PHILIPPE III (LE HARDI) ET ISABELLE D'ARRAGON.

Philippe, fils de saint Louis, né en 1250, meurt le 5 octobre 1285.

Isabelle, sa femme, morte en 1272.

MARIE DE BRABANT,

Fille de Henri III, morte en 1321.

ROBERT,

Quatrième fils de Philippe III, mort en bas âge.

BLANCHE,

Décrite dans la chapelle Saint-Denis.

3ᵉ Niche.

LOUIS DE FRANCE, COMTE D'ÉVREUX,

Fils de Philippe III, mort en 1320.

BÉATRIX DE BOURGOGNE, *statue.*

Béatrix, reine de Bohême, fille de Renaud, comte de Bourgogne, morte en 1385.

7ᵉ CAVEAU.

PHILIPPE IV (LE BEL) ET JEANNE DE NAVARRE.

Philippe IV, fils de Philippe III, né en 1268, meurt le 29 novembre 1314.

Jeanne, fille de Henri 1ᵉʳ, femme de Philippe IV, née en 1271, meurt le 2 avril 1304.

CHARLES, COMTE DE VALOIS,

Fils de Philippe III, mort en 1329.

LOUIS X (LE HUTIN) ET CLÉMENCE.

Louis X, fils de Philippe IV, mort le 5 juin 1316.

Clémence, fille de Charles Ier, femme de Louis X, morte le 12 octobre 1328.

3e CHAPELLE.

PHILIPPE V (LE LONG) ET JEANNE DE BOURGOGNE.

Philippe V, fils de Philippe-le-Bel, né en 1293, meurt le 3 janvier 1322.

Jean, fille d'Othon, femme de Philippe V, morte en 1325.

JEANNE DE NAVARRE,

Fille de Louis X, née en 1311, meurt en 1349.

LE PETIT ROI JEAN,

Fils de Louis X, né le 15 novembre 1316, meurt le 19 du même mois, à Vincennes.

CHARLES IV ET BLANCHE DE VALOIS.

Charles IV, fils de Philippe-le-Bel, mort le 1er février 1328.

Blanche, fille de Charles IV, née le 1er avril 1318, femme de Philippe de France, meurt le 8 février 1392.

JEAN II (LE BON),

Fils de Philippe VI, né le 26 avril 1319, meurt le 8 avril 1364.

PHILIPPE VI (LE FORTUNÉ) ET BLANCHE DE NAVARRE.

Philippe VI, fils de Charles de Valois, né en 1293, meurt le 22 août 1350.

Blanche, fille de Philippe, comte d'Evreux, femme de Philippe VI, morte en 1398.

BLANCHE DE FRANCE,

Fille de Philippe VI, née en 1350, meurt le 15 septembre 1371.

MARIE DE BOHÈME, DITE BONNE DE LUXEMBOURG,

Fille aînée de Jean de Luxembourg, roi de Bohème, morte à Maubisson, le 11 septembre 1349.

CHARLES V (LE SAGE) ET JEANNE DE BOURBON.

Charles V, fils de Jean II, né le 21 janvier 1317, meurt en 1380.

Jeanne, fille de Pierre, duc de Bourbon, femme de Charles V, morte le 6 février 1377.

MARIE DE BOURBON,

Abbesse de Poissy, fille de Charles VI, née le 22 août 1392, meurt en 1438.

D'autres niches n'étant pas encore terminées, et les figures qui doivent y être placées étant en restauration, je ne puis en donner la description.

Dans la crypte de l'église, on remarque quatre sépultures, non comprise la chapelle expiatoire qui est placée entre les sépultures n° 3 et n° 4.

Sous l'emplacement occupé autrefois par la chapelle de Turenne, et dans un caveau particulier, on remarque deux vastes tombes revêtues de marbre noir, ornées d'inscriptions, où furent déposés les ossemens des Bourbons et des Valois, le 19 janvier 1817.

La première celui de

LOUISE DE LORRAINE,

reine de France, fille aînée de Nicolas de Lorraine, duc de Mercœur et comte de Vaudemont, mariée à Henri III, le 15 février 1575, meurt le 29 janvier 1602, et enterrée aux Capucine du faubourg St-Honoré.

L'autre de

LOUIS VII,

dont on a lu ci-devant la notice.

CAVEAU ROYAL.

LOUIS XVI ET MARIE-ANTOINETTE.

Louis XVI, fils de Louis, dauphin, né le 23 août 1754, condmné à mort et exécuté le 21 janvier 1793.

Marie-Antoinette, sa femme, archiduchesse d'Autriche, née à Vienne, le 2 octobre 1755, condamnée à mort et exécutée le 16 octobre 1793.

MADAME LOUISE-MARIE-THÉRÈSE-VICTOIRE,

Tante du roi, née à Versailles, le 3 mai 1732, meurt à Trieste en 1799.

MADAME ADÉLAIDE,

Tante du roi, née à Versailles, le 25 mai 1733 ; l'époque de sa mort est ignorée.

BERRY (DUC DE),

Né à Versailles, le 24 janvier 1776, assassiné le 13 février 1820.

LOUIS XVIII,

Fils du grand dauphin, née à Versailles, le 17 novembre 1755, meurt le 16 septembre 1824.

CAVEAU DES BOURBONS.

A l'entrée de l'église souterraine, on remarque un caveau fermé par une grille, éclairé continuellement par une lampe sépulcrale, où sont exposés le corps du prince de Condé, né le 9 août 1736, mort en mai 1818 à 82 ans; celui de son fils, duc de Bourbon, dernier de la branche des Condé, né le 13 avril 1755, mort à Compiègne en 1830, peu de temps après la révolution : on attribua sa mort à un suicide; et celui de Louise-Marie de Bourbon, fille de Louis XV, née en 1737, morte en 1787.

Je joins les strophes suivantes, par M. Hippolyte de Saint-Anthoine, sur les tombeaux de Saint-Denis, qui trouvent ici leur place tout naturellement.

2 Juillet 1832.

Oh! ne m'entraîne pas de la gothique église
    Où les rois sont ensevelis!
    Laisse-moi contempler, Elise,
    Leurs caveaux par le temps vieillis.

Viens les voir, ils sont là rangés en longue file,
    Ces souverains morts immortels!
    Sur eux le temps pèse immobile
    Comme une ombre sur les autels.

Que sont-ils maintenant ces monarques de France
    Étendus dans leur froid cercueil?
    La mort a détruit leur puissance,
    La mort a brisé leur orgueil!

Jette fier ton regard mélancolique et tendre
    Sur leurs débris amoncelés!
    Leurs os ne sont plus qu'une cendre
    Que cachent d'antiques scellés.

Viens de François premier contempler la chapele;
　　Tu n'entendras plus de soupirs!
　　Sous le marbre qui le recèle
　　Se sont éteints ses longs désirs.

Son corps s'est desséché sous cette froide pierre
　　Avec ses royaux attributs,
　　Et pour la belle Ferronière
　　Son cœur volage ne bat plus.

TROISIÈME SECTION.

SOMMAIRE.

Etablissemens publics importans. — Maison royale de Saint-Denis. — L'Hôtel-Dieu. — Prison. — Maison de détention ou de répression. — Cimetière. — La grande et petite caserne. — Bibliothèque publique. — Salle de spectacle. — Assainissement de la ville de Saint-Denis. — Puits artésiens. — Etat civil de la ville de Saint-Denis. — Statistique des sous-préfets, maires, adjoints, juges de paix et greffiers depuis leur création. — Effectif de la garde nationale. — Industrie et établissemens commerciaux. — Evénement récent causé par la foudre à la flèche pyramidale de la basilique. — Etendue du territoire. — Dénombrement de la population ancienne et moderne. — Tableaux statistique des mariages, naissances et décès. — Notices biographiques.

§ Ier. — ÉTABLISSEMENS IMPORTANS.

Art. 1er. — Maison Royale de Saint-Denis.

L'origine de cette maison royale était un palais que Fardulf fit bâtir pour Charlemagne, près la basilique ; ce qui engagea nos rois à y venir souvent résider pour assister aux processions des rogations. Charles-le-Chauve y célébrait lui-même, quelquefois, ces processions. On lit dans Doublet, que « le roi Robert y tenait » chœur en chappe de soie, avec son sceptre, » accompagné d'un chantre, le jour de saint

» Hippolyte. » « Mais ensuite, » dit encore Doublet, « le même roi, craignant d'être à charge
» les jours de grandes fêtes en tenant sa cour
» à Saint-Denis, fit expedier un diplôme dans
» lequel il promit qu'il n'y reviendrait plus. »
Puis Philippe Ier, son petit fils, voyant que le palais où il avait logé était devenu inutile, il le donna à l'abbaye (1).

Depuis cette époque, cette maison et les bâtimens immenses qu'on y ajouta en 1767, sous la conduite de M. Robert de Cotte, architecte, servirent de bâtimens claustraux aux religieux de l'abbaye jusqu'à l'époque de la révolution.

Ces bâtimens méritent une attention particulière par leur grandeur et leur magnificence. On y remarquait les rampes du grand escalier, et deux grands tableaux qui ornaient le réfectoire, dont l'un représentait la Loi donnée par Moïse, et l'autre, la Descente du Saint-Esprit, excellent ouvrage de Restout (1).

En 1793, ces bâtimens servirent à l'administration du district de Saint-Denis. Le club des *sans culottes* y tenait ses séances dans la salle du premier étage. Environ deux ans après, la commission militaire et les commissaires des

(1) Lebeuf, *Diocèse de Paris*, tome iii, p. 197.
(2) La rampe existe, mais non les tableaux.

guerres s'y installèrent. Et enfin, 18 ans après, elle servit d'hôpital militaire jusqu'à l'époque où Bonaparte, par un décret qu'il rendit le 29 mars 1809, y institua la maison royale consacrée à l'éducation gratuite de trois cents demoiselles, filles, sœurs, nièces ou cousines des membres de la Légion-d'Honneur, telle qu'on la voit aujourd'hui.

Mais en juillet 1814, les statuts de la maison d'éducation d'Écouen furent modifiés par Louis XVIII, et furent réunis à ceux de Saint-Denis. Le roi ordonna qu'à l'instar de l'ancienne maison de Saint-Cyr, elle serait desservie par la congrégation dite la mère de Dieu.

Une seconde ordonnance de 1816, fixa plus particulièrement l'organisation de cette maison.

Et plus tard, une troisième ordonnance lui donna le premier rang parmi les trois maisons qui restaient, celles des Loges et de Paris ne furent alors regardées que comme des succursales.

Le nombre des jeunes personnes qui y furent admises d'après cette nouvelle organisation, en fut porté à cinq cents. Quatre cents y sont reçues gratuitement, et cent seulement, comme pensionnaires de l'un et de l'autre des ordres royaux de Saint-Denis et de la Légion-d'Honneur, elles doivent être âgées de sept à douze ans au moment de leur entrée, avoir eu la petite vérole, ou avoir été vaccinées. Elles en sortent à dix-huit ans. Ces jeunes filles reçoivent dans cet établissement une éducation très soignée, et indépendamment de tout ce qu'une jeune personne doit connaître, tels que l'histoire, la géographie, le dessin, la musique, etc.; il leur reste encore assez de temps pour faire tout ce qui concerne leur habillement et même le linge de la maison.

La direction de cette maison est confiée à une surintendante accompagnée de sept dames dignitaires, douze de première classe, quarante de la seconde et vingt novices prises maintenant parmi les élèves, qui partagent avec elles les soins d'administration.

Par brevet du roi du 4 mars 1816, madame la comtesse du Qingo fut nommée surintendante de ce magnifique et intéressant établissement; madame du Bouzé, lui a succédé pendant 4 ans; celle-ci a été remplacée par madame la comtesse de Bourgoing.

Les dames dignitaires portent en sautoir une décoration en or semblable à celle de la Légion-d'Honneur qui a été fondée par Louis XVIII, elle représentait sous son règne, l'effigie du royal fondateur, depuis, elle représente d'un côté celle de la sainte Vierge, et de l'autre cette inscription. « Honneur et patrie. »

Les dames de première classe portent la même décoration, mais sur l'épaule avec une rosette comme les officiers de la Légion-d'Honneur.

Celles de deuxième classe la portent de même avec un simple ruban.

Les novices la portent comme les dernières, mais en argent.

§ II. — L'HOTEL-DIEU.

On ne connaît rien de positif sur cet hospice, cependant, on voit qu'il existait avant le treizième siècle, Félibien dit, qu'une lettre de Guy, évêque de Carcassonne, écrite en 1218, fait mention d'un frère Jean qui, venant d'être ordonné, avait fait sa profession de foi à l'Hotel-Dieu de Saint-Denis (1).

Cette maison dans l'origine était beaucoup mois considérable qu'elle ne l'est actuellement. En 1678 elle ne comptait que sept lits pour les hommes et cinq pour les femmes.

Il paraît que c'est vers l'an 1702 qu'elle a reçu les plus grands accroissemens par les soins de la sœur Michelle Michelon, qui selon la tradition, a employé à la reconstruire, sa fortune qui était considérable ; d'autres personnes également pieuses y ont contribué aussi par des sommes fort importantes.

---

(1) Félibien, *Hist. de l'Abbaye de Saint-Denis*, p. 221.

En 1767 ces bâtimens ont encore été augmentés sous la direction de M. Robert de Cotte, architecte, et ils ont été achevés difinitivement vers l'année 1825, sous la direction de M. Ménager qui en est aujourd'hui l'architecte.

On ne peut visiter cet asile de la charité chrétienne sans éprouver une pieuse émotion. La première chose que j'ai admiré, c'est la jolie chapelle qui a été édifiée sous l'invocation du plus bienfaisant des mortels, saint Vincent de Paule. Cette chapelle est remarquable par les dorures qui y brillent et par la richesse de la sculpture qui décore la boiserie dont les murs sont entourés.

Mais que l'âme est satisfaite lorsque, parcourant les dortoirs on est frappé d'admiration à l'aspect de la propreté extrême, du silence religeux et de l'ordre sublime qui y règnent, grâce à la vigilance de madame Christine Lafaye, supérieure de cet hospice sacré! quelle douceur angélique se fait remarquer dans les traits de cette digne religieuse qui est plutôt la mère que la supérieure de ces filles du ciel dont la vie entière est consacrée à Dieu et au soulagement de l'humanité souffrante! avec quel zèle, avec quelle prévoyance ces sœurs hospitalières qui sont au nombre de onze, remplissent leurs pénibles et touchantes fonctions! rien n'est repoussant pour elles; le choléra, les maladies, même les plus contagieuses n'ont pu et ne peuvent en toutes circonstances ralentir leur zèle infatigable, très bien secondé par neuf domestiques.

Ces charitables filles occupent une partie des bâtimens. Les deux salles du bas, à l'extrémité desquelles sont dressés des autels contiennent chacune dix-huit lits pour les malades des deux sexes.

D'autres salles contenant ensemble vingt lits, sont destinés à recevoir, pour le restant de leurs jours des vieillards des deux sexes tombés dans l'indigence.

On voit encore, dans cet hospice, un établissement de bains créé depuis une vingtaine d'années, et qui est alimenté par l'eau d'un puits arthésien, foré en 1836, par les soins de M. Mullot, ingénieur-mécanicien à Épinay (1). Ce puits est surmonté d'une fontaine construite sur les dessins de M. Ménager. Deux jardins dépendent de cette maison, et l'on y cultive entr'autres des plantes médicinales nécessaires au service de la pharmacie.

Le revenu de cette maison n'est que de quarante mille francs.

§ III. — PRISON.

Cette prison est située à l'endroit où existait

(1) Voyez ci-après une description générale sur les puits arthésiens et notamment sur ceux qui sont dans la ville.

autrefois ce qu'on nommait le Châtelet qui était placé au coin des rues Compoise et Poisonnière, vis-à-vis les loges des foires.

On y voyait une arcade, les tribunaux étaient au-dessus de cette arcade. Vis-à-vis la prison actuelle était placée la Morgue. On aperçoit encore d'anciens murs, et une porte murée par laquelle on montait aux tribunaux. Les bâtimens sont tels qu'on les voyait en 1806. On remarque encore dans l'intérieur, un banc de pierre avec quatre anneaux scellés. C'est sur cette pierre qu'on mettait les prévenus à la torture. C'est le concierge actuel nommé Baudoux, de qui je tiens les renseignemens, qui a arraché les anneaux et les bancs.

Quant à la prison, n'étant pas très éloignée elle ne sert qu'au passage des prisonniers et à la police de la ville.

Louis XIV, ayant fondé une maison royale à Saint-Cyr, en considération de madame de Maintenon, et voulant augmenter le revenu de ce nouveau monastère, sollicita vivement auprès du pape innocent XI, la suppression de la mense abbatiale de l'Abbaye de Saint-Denis, afin de la réunir à celle des dames de Saint-Cyr, ce qui ne fut confirmé, par une bulle du pape Innocent XII, qu'en 1690, et attendu que le Châtelet dont il s'agit, faisait partie de cette mense, elle devint la propriété de cette maison de Saint-Cyr.

§ IV. — MAISON DE DÉTENTION OU DE RÉPRESSION.

Cette vaste maison était autrefois une tannerie. Elle fut achetée par l'intendant de Paris, pour en faire un dépôt de mendicité, depuis, sa destination a toujours été la même.

Le dénombrement de sa population, qui, avant 1830, s'élevait de 11 à 1200, n'est ordinairement que de 550, mais au moment où j'écris, il est d'environ 600. Avant cette dernière époque de 1830, cinq détenus couchaient dans le même lit, mais à présent ils sont seuls.

La nourriture y est très saine.

Des ateliers qui y sont établis, procurent des douceurs à ces malheureux.

Cette grande construction qui menaçait ruine, est entièrement restaurée. Pendant long-temps ce vaste établissement était tellement privé d'eau, qu'on était obligé de se servir de celle du Crould, mais aujourd'hui, par le moyen d'un puits arthésien qui y a été pratiqué par M. Mullot ingénieur à Épinay, cette maison en reçoit en abondance.

§ V. — CIMETIÈRE PUBLIC.

Son étendue est d'environ trois arpens. Le pourtour et les avenues principales sont consacrées à recevoir les monumens des familles qui ont des concessions à perpétuité. Plusieurs autres monumens se font remarquer, le carré du milieu du terrain, sert de réserve pour les fosses publiques qui sont toutes particulières, une autre partie est consacrée pour les enfans afin de ménager le terrain.

On y voit pourtant une fosse commune, mais elle est destinée à recevoir les morts de la maison de détention.

§ VI. — LA GRANDE CASERNE ET LA PETITE.

Cette grande et superbe caserne a été construite alors hors de la ville dans le temps qu'on élevait celle de Courbevoie, sous le règne de Louis XV.

Cette vaste construction a été édifiée aux frais de cette ville, afin de se dispenser de loger à cette époque des gens de guerre.

Ce vaste bâtiment peut contenir 1000 militaires.

Quant à la petite caserne, elle provient du couvent des carmélites ainsi qu'on l'a vu ci-dessus.

Les bâtimens peuvent contenir environ 600 personnes.

§ VII. — BIBLIOTHÈQUE PUBLIQUE.

Cette bibliothèque doit son origine à la révolution de 1793. Elle est en grande partie composée de tous les ouvrages qui formaient la bibliothèque de l'Abbaye, et qui ont échappés au pillage. Elle contient maintenant 2,300 volumes.

On y remarque grand nombre d'ouvrages de théologie et d'histoire moderne et particulièrement une belle édition des œuvres de J.-J. Rousseau, imprimée chez Didot le jeune en 1793, 19 vol. in-folio.

On remarque encore plusieurs autres bons ouvrages : tels que Classiques latins, N. E. Lemaire, 144 vol. in-8°, 1825, etc., etc.

Cette bibliothèque est ouverte au public tous les jours.

§ VIII. — SALLE DE SPECTACLE.

Voyez ce que j'en ai dit dans l'article 4, relatif à l'église Sainte-Croix, p. 62 et 63.

§ IX. — ASSAINISSEMENT DE LA VILLE DE SAINT-DENIS.

D'après le projet présenté au conseil d'arrondissement, le 24 avril 1831, par M. Contour.

Les causes des crues d'eau qui inondaient les prairies et les caves de la ville étaient ignorées. Depuis long-temps, on désirait trouver les moyens d'y remédier et de pouvoir apprécier les dégâts qu'elles occasionaient. A cet effet, M. le maire de Saint-Denis, M. Boyer, par son arrêté du 12 juillet 1830, nomma pour être adjoint à une commission composée de deux membres du conseil municipal, conjointement avec le commissaire de police de cette ville, M. Guérin Hardi, architecte-géomètre, afin de constater la hauteur des eaux du moment, des rivières du Crould, du Rouillon et Vieille mer, occasioné par des pluies continuelles ou d'orages, et d'en faire un rapport.

D'après ce rapport qui fut fait le 16 juillet 1830, M. Contour autre membre du conseil, adressa au maire un projet d'assainissement dont il me remit un exemplaire ainsi qu'une lithographie du territoire de Saint-Denis, afin de me faciliter les moyens de donner une description exacte des travaux importans qui ont été exécutés.

La principale cause des inondations continuelles d'une grande partie des prairies entourées par le ru de Montfort et le Crould, étaient la canalisation des rivières du Rouillon, de celles ci-dessus, et de la Vieille mer, bien inférieur des Moulins.

Avant l'établissement du canal Saint-Denis, les rus de Montfort fournissaient peu d'eau, et qu'une partie de l'année, mais depuis, elles donnent au moins continuellement le double de volume.

Les eaux du canal et des rivières susdites, étant plus élevées que les prairies, les infiltrations et les fuites de ce canal, dans ces rus, aggravaient la malheureuse position de la ville, où depuis plusieurs années, on voyait inonder quelques quartiers au niveau constant de deux à trois pieds du sol.

Les orages, les pluies continuelles, les dégels cause de fréquens débordemens des rivières et du trop plein du canal, faisaient que les rus de Montfort et de la Vieille mer, abondans dans le Crould les faisaient déborder dans les prairies voisines qui restant long-temps submergées, occasionaient leurs détériorations, la perte des récoltes et beaucoup de maladies.

Les rus de Montfort et de la Vieille mer, avaient leur cours naturel dans la Seine, mais les meuniers ayant droit à la jouissance des sources de ces rivières, on ne put le leur ravir. Quelques-uns au mépris des règlemens des rivières, et contraires à leurs titres, avaient changé toutes ces dispositions relatives à la chute de leurs moulins, en y établissant des niveaux constans ou vannes plongeantes qui consistaient à recevoir l'eau en lames de 5 ou 6 pieds de large, et beaucoup plus haute que par le radier du moulin où elles passaient par leur rayère de deux pieds à deux et demie de large sur l'épaisseur variable des eaux de la rivière, et qui non-seulement l'élevait et la maintenait à cette nouvelle hauteur, mais encore l'envasait à cette même hauteur, attendu que l'eau forcée de monter au-dessus de ce niveau en sépurant devait laisser dans la rivière les immondices que son cours aurait entraînées, ce qui aurait encore soulevé l'eau des caves et des prairies. D'ailleurs ces moulins n'ayant pas de déversoir bien établi, ils ne pouvaient être utilisés.

Tout contribuait donc à aggraver la déplorable situation de la ville, si l'on n'eût employé les moyens de neutraliser les effets des inondations des prairies, et l'insalubrité.

Voici les moyens qu'on a employés pour les prévenir. On a établi un déversoir à la Vieille mer, près son embouchure dans le Crould qui conduit directement à la Seine, par un fossé de dérivation à travers la route de Pierrefitte, en passant sous la rivière du Rouillon par l'Ermitage, la Carge sous le chemin de la Briche et le chemin de fer, les eaux extraordinaires amenées par ce ru qui ne peuvent de suite s'écouler dans le Crould, lequel, suivant le rapport de M. Staffe, du 15 septembre 1830, n'a en cette partie, qu'un centimètre de pente pour cent mètres, égalant huit lignes pour cent toises.

Le moyen a eu un succès complet.

Le fossé de dérivation à la Seine, sert pour le curage du Crould, à l'écoulement de la totalité des eaux de la Vieille mer et du Rouillon dont les berges n'étaient pas assez hautes pour contenir avec les eaux ordinaires celles du Crould qui y étaient envoyées et qui inondaient les prairies voisines. Ce fossé sert encore à vider pendant le curage le biez du Crould entre les moulins réunis et jumeaux, lequel biez est mis à sec comme les autres de cette rivière.

L'assainissement de la ville s'est opéré au moyen d'un acquéduc à barbacanes, construit sous la rue de Paris, pour recevoir toutes les eaux et les conduire au fossé de dérivation (qui est au moins de sept pieds plus bas que le Crould) directement au pont construit sur la route de Pierrefitte.

Ces eaux proviennent du biez supérieur du moulin de l'Hôtel-Dieu, de un mètre cinquante centimètres plus haut que son biez inférieur (lequel traversant la ville en reçoit les égouts) du canal dont les eaux sont beaucoup plus hautes que ces biez, des eaux pluviales et ménagères qui ne s'écoulent pas directement à la rivière, et du Merderet, ancien petit ruisseau qui, venant de la maison royale, traversait plusieurs quartiers de la ville et se jetait dans le Crould, bien inférieur du moulin à tan, au dépôt où cette rivière était alors 0 m. 55 cm. moins haute qu'aujourd'hui car ce moulin étant supérieur, sa chute a été reportée à celle des moulins à dos d'âne, présentement moulins réunis.

Depuis sa suppression, le ruisseau du Merderet, dont le lit fut mal comblé, coule toujours, il s'égouttait dans le ru de Montfort qui étant alors plus bas de trois pieds que le Crould, passait à l'emplacement actuel du cours de Chavigny près l'embouchure du Merderet, et se jetait dans le biez inférieur des moulins réunis.

En 1819, espérant assainir la ville et les terres situées entre le Crould et le canal, on redressa et creusa de deux pieds, et on élargit le ru de Montfort.

En même temps, pour faire le cours Benoist et Chavigny, on detourna le ru de Monfort qui coulait au milieu et tout le long de ces cours qui, présentement passe le long de la caserne, et qui a son embouchure dans le même biez du Crould auprès de l'Ermitage.

Le détournement du ru de Montfort a bien, une seconde fois supprimé l'écoulement du Merderet; mais cette suppression fut très funeste à la ville, car les caves furent inondées plus que jamais.

Toutes ces réparations ayant contribué à la sur-élévation des eaux stagnantes, qui se tenaient toujours à plus d'un pied au-dessus du niveau de celles du Crould qui passe dans Saint-Denis, on n'a pu les faire écouler qu'en établissant un acquéduc, au moyen duquel les caves peuvent avoir maintenant 8 pieds de voûtes.

On observe que ces eaux qui ne proviennent que de simples égouts des prairies et de très belles sources étant conduites à l'acquéduc, le lavent continuellement. La Vieille mer continue toujours à être l'égout des prairies, entre les deux rivières et celui des terres situées entre le Rouillon et la route de Gonesse, jusqu'au barrage Saint-Denis, dont les parties plus basses que cette rivière s'égouttent dans ce ru par des huzines établies sur le Rouillon.

Les eaux plus basses que la Vieille mer conduisent leurs eaux au fossé de dérivation de ce ru. Les autres terres, parties gauches du canal, s'égouttent par un fossé ouvert le long de sa berge pour conduire au biez inférieur de chaque écluse toutes les eaux échappées de son biez supérieur.

On a prévenu les débordemens du canal qui inondent les terres voisines, au moyen d'un déversoir établi au biez supérieur de chaque écluse, à l'effet de conduire de suite à son biez inférieur les eaux surabondantes qui, ainsi, s'écoulent sans le moindre accident de biez en biez jusqu'à la Seine.

Une chose très urgente et qui a été exécutée à l'effet de prévenir les inondations alternatives de tous les biez des moulins sur le Crould qui, malgré tous les règlemens des rivières, n'ayant pas de déversoirs, étaient submergés, l'un après l'autre à la moindre crue extraordinaire de ces eaux, a été l'établissement d'un réservoir régulateur des eaux de cette rivière, construit sur le Crould, entre Dugny et le moulin Févon qui conduit directement à la Vieille mer, le trop plein de cette rivière.

La ville de Saint-Denis ainsi que les terres qui l'environnent, se sont donc trouvées assainies complètement, malgré la cupidité de quelques propriétaires féodaux qui, depuis long-temps les avaient si grièvement compromises par la canalisation des rivières, afin de former les chutes des divers moulins qu'ils y avaient établis.

L'exécution de ce grand et ingénieux projet dont le principe est dû à la commission du 12 juillet 1830, qui en a donné la première impulsion à M. Contour, très bien secondé par M. Guérin Hardy, architecte-géomètre et notamment à M. Benoist qui a obtenu de l'autorité supérieure non-seulement l'exécution, mais encore les 2/3 de la dépense dont la ville n'aurait pu suffire, n'a porté préjudice à personne. Ainsi la ville de Saint-Denis et tout son territoire étant devenus salubres et fertiles, tels qu'ils l'avaient toujours été avant la canalisation, attendu que la providence les avait placés à plus de 12 pieds au-dessus de l'étiage de la rivière de Seine, où devaient naturellement se jeter les eaux des rivières et des rus qui la traversent.

Ces immenses travaux exécutés sous la direction de M. Jollois, ingénieur en chef des ponts-et-chaussées, ont été couronnés du plus brillant succès, et font le plus grand honneur à leurs savans auteurs.

§ X. PUITS ARTHÉSIENS OU PUITS FORÉS.

Art. 1ᵉʳ. Leur origine et leur importance. Il paraît que les recherches sur les fontaines jaillissantes ont été entreprises pour la première fois dans l'ancienne province d'Artois d'où sans doute leur est venu le nom de puits arthésiens. C'est donc sous ce nom qu'à l'aide de la sonde du mineur (tarière de montagne) on va chercher dans les entrailles de la terre, et à une plus ou moins grande profondeur, une nappe d'eau soumise à une pression qui fait remonter l'eau à une certaine hauteur dans les tubes qu'on lui présente.

L'Angleterre, l'Afrique et l'Amérique toujours avides à adopter des découvertes qui tendent aux améliorations, jouissent depuis long-temps de fontaines et d'eaux courantes dues à cette sonde qui leur a ouvert une issue.

Ce n'est que dans quelques localités de nos départemens septentrionaux, que ces fontaines jaillissantes d'un avantage inouï pour l'industrie et l'agriculture, sont en usage depuis plusieurs siècles; mais maintenant que la France en éprouve les plus grands avantages, ils s'exécutent déjà à un rayon très éloigné de Paris. Il faut espérer que les preuves incontestables de leur utilité détermineront nos départemens à en faire usage; surtout ceux du Midi pour se procurer une eau limpide, abondante et pure qui manque dans ces contrées.

On trouve partout de l'eau en creusant profondément. Il est possible pourtant qu'en sondant on rencontre une eau différente que celle que l'on cherche, on ne doit point y avoir égard et il faut continuer à faire sonder jusqu'à ce qu'on ait trouvé la bonne source.

Pour la situation du puits, il n'est pas nécessaire que le lieu où l'on veut creuser soit auprès d'une montagne, car tous ces puits ne contiennent pas de réservoirs souterrains qui communiquent avec des cavités où l'eau pourrait se rendre. Par exemple, on sait par expérience que les pays composés de craies, étaient les plus propices pour posséder des fontaines, pourtant on en pratique dans beaucoup d'autres lieux. Les conditions nécessaires du sol, sont qu'il soit composé de couches perméables à l'eau intercalées entre des couches imperméables, et qu'elles présentent une pente naturelle, qui donnent à l'eau une assez forte pression pour s'élever à une certaine hauteur. L'eau n'est jaillissante qu'autant qu'il y a pression susceptible d'en élever la masse, mais quoique non jaillissante, l'eau pourrait être de bonne qualité et susceptible d'être utilisée, soit au moyen d'une pompe où le jeu de sceaux.

Au moyen d'un puits arthésien, on se procure une eau pure, fraîche, limpide, abondante, propre à la fertilité dans les campagnes qui sont privées de courans d'eau, et à recevoir une heureuse application dans les arts et une ressource précieuse pour l'usage habituel. Mais on n'a point encore acquis la certitude, que ces puits ne tarissent jamais. Les probabilités paraissent rassurantes, pourtant, on a des exemples que ces fontaines ont cessé de couler.

En creusant on rencontre souvent l'eau que l'on cherche à 20 ou 30 pieds, quand d'autrefois il faut percer jusqu'à 9 et même 1200 pieds. L'eau varie selon la nature du terrain qu'il faut traverser.

Art. 2. — Phénomène remarquable, pouvant servir d'observation sur la théorie des sources jaillissantes (1).

Un puits arthésien, creusé à Tours, a fourni l'occasion d'observer un phénomène remarquable. Le tuyau ayant été descendu à la profondeur de 335 pieds, l'eau amena durant plusieurs heures une grande quantité de sable fin, et beaucoup de débris de végétaux et de coquilles. On pouvait reconnaître des rameaux d'épines noircis par leur séjour dans l'eau, des tiges, et des racines de plantes marécageuses, des graines de plusieurs plantes dans un état de conservation qui prouve qu'elles

---

(1) Cet article a été communiqué par M. Ballard de Gironne, à l'Acadamie industrielle de Paris, dont il est membre.

ont séjourné plus de 3 ou 4 mois dans l'eau, enfin des coquilles terrestres et d'eau douce.

On peut déduire de ces faits les conséquences suivantes : 1°. L'eau du puits arthésien de la ville de Tours, n'a pas dû être plus de quatre mois à parcourir son trajet souterrain, puisque des graines, mûres à l'automne, sont arrivées sans être décomposées; 2°. Les eaux n'arrivent point par une filtration à travers des couches de sables, puisqu'elles entraînent des coquilles et des morceaux de bois, mais bien par des canaux plus ou moins réguliers, formés entre les couches solides, à mesure que les eaux ont entraîné les sables qui remplissaient l'intervalle ; 3°. Enfin, l'origine de ces eaux doit être dans quelques vallées humides de l'Auvergne ou de Vivarais ; et l'on s'explique ainsi, pourquoi cette eau, qui n'a fait que traverser des canaux sablonneux, est presque aussi pure que l'eau de rivière.

ART. — Puits arthésiens dans le roc à la Chine. Procédés employés à cet effet.

On lit dans un ouvrage intitulé : *Mélanges asiatiques*, publié par le célèbre voyageur de Humboldt, qu'en Chine dans la province de Hut Chum, il se trouve plus de dix mille puits arthésiens, dont le percement diffère beaucoup du mode que nous employons en France. Ces puits ont ordinairement de quinze cents à dix-huit cents pieds de profondeur, et cinq à six pouces de largeur. Voici le procédé employé pour les percer.

On plante dans l'endroit où l'on veut percer le puits un tube de bois creux, surmonté d'une pierre de taille qui effleure le sol, et qui forme un trou du diamètre qu'on veut donner au puits, c'est-à-dire cinq ou six pouces; ensuite on fait jouer dans ce tube un mouton d'acier de trois à quatre cents livres pesant. La tête de ce mouton est crénelée en couronne, un peu concave au-dessus et rond par dessous. Un homme fort monte sur un échafaudage, et danse une partie de la journée sur une bascule qui soulève ce mouton à deux pieds de hauteur, et le laisse retomber de tout son poids, on jette de temps en temps un peu d'eau dans le trou pour pétrir la matière du rocher et la réduire en bouillie. Quand on a creusé plusieurs pouces, on retire le mouton avec toutes les matières dont il est surchargé par le moyen d'un grand cilindre sur lequel s'enroule la corde à laquelle est suspendue cette tête d'acier. Ces petits puits ou tubes sont très perpendiculaires et polis intérieurement comme une glace. Quelquefois tout n'est pas roche jusqu'à la fin, mais il se rencontre des lits de terre, de charbon, etc. Alors l'opération devient difficile et quelquefois infructueuse; car les matières, n'offrant pas une résistance égale, il arrive souvent que le puits perd de sa perpendicularité. Quand la roche n'offre pas une trop grande résistance, on avance au moins de deux pieds dans les vingt-quatre heures.

Art. 4. — Moyens divers employés pour perforer la terre.

Perforer la terre est une pensée qui est peut-être venue à tout le monde; mais toujours accompagnée de l'idée d'une longue vrille ou tarière, ce qui a conduit naturellement à la découverte de nos sondes actuelles, dont l'irrémédiable défaut était de ne pouvoir pénétrer à de grandes profondeurs.

Les sondes arthésiennes se composent d'une grande diversité d'outils, destinés à traverser chaque espèce de terrain, de branches de fer que l'on accumule à mesure que l'on descend, et que l'on désassemble à mesure qu'on les retire. Il est aisé de concevoir que, sur une longueur un peu considérable, un tel instrument devient très difficile à manier, que les barres se tordent et se cassent souvent dans le trou, qu'il faut des échafaudages, des cabestans, des grues et des moutons pour enfoncer les coffres; beaucoup de bras et un attirail immense. Encore se voit-on fréquemment obligé d'abandonner l'entreprise.

Dans la nouvelle méthode dont nous avons annoncé la découverte, les instrumens se distinguent entièrement des anciens, tant par leur forme que par l'usage auquel chacun d'eux est destiné.

L'emploi de deux hommes, ou d'un homme et d'un cheval constitue toute la dépense quotidienne. Le progrès de leur travail dans le roc, de dureté moyenne, est de deux mètres, en vingt-quatre heures, et de cinq à six dans les sables. Ce travail s'exécute aussi facilement à de grandes qu'à de petites profondeurs. Les frais sont par conséquent de beaucoup inférieurs à ceux des anciens puits, qui dépassent avec peine, cent mètres, tandis que, par la nouvelle méthode, on peut arriver à mille et au-delà.

Art. 5. — Puits de feu.

On sait que le gaz hydrogène carburé (grisoux) se dégageant des mines de Houilles, parvient en quelques endroits à la surface du sol, où l'on peut s'en emparer et le faire servir à l'éclairage.

L'intérieur de la terre étant probablement le même partout, il ne serait pas impossible que l'on parvînt en France à produire de pareils phénomènes, dont nous saurions bien tirer parti en les faisant servir soit à mouvoir nos machines à vapeur, soit au chauffage ou à l'éclairage des villes et villages, soit enfin à remplacer tous les combustibles végétaux ou minéraux, dont la rareté commence à se faire sentir plus fortement de jour en jour.

Art. 6 — Puits arthésiens à Saint-Denis.

Il a été établi à Saint-Denis, neuf puits arthésiens, par M. Malot ingénieur mécanicien demeurant à Épinay département de la Seine.

Le premier place aux Guèdres, a été foré jusqu'à la profondeur de 61 mètres 67 centimètres ou 202 pieds 3° dans les sables verts; les eaux s'élèvent à 4 mètres 55 centimètres ou 14 pieds; il donne à 1 mètre ou 3 pieds au-dessus du sol, 200,100 litres d'eau en 24 heures. Le champignon d'où l'eau surgit fait un très bon effet.

Le second, chez MM. Geoffroy et Charamel, a été foré jusqu'à la profondeur de 219 pieds ou 71 mètres 14 centimètres; dans les sables verts, les eaux s'élèvent à 18 pieds 6°, ou 6 mètres au-dessus du sol; ce sol a été élevé de 138, ce qui fait que les eaux s'élèvent à 22 pieds 6°, ou 7 mètres 31; il donne à fleur du sol 250,000 litres d'eau en 24 heures, et à 10 pieds ou 3 mètres 25 au-dessus, hauteur à laquelle il coule ordinairement; il donne 100,000 litres en 24 heures.

Le troisième rue de Paris, place de la Poste aux Chevaux. Jusqu'à présent l'eau est venue sans interruption; il est décoré d'une statue représentant Cybélle. Cette figure colossale, qui a été donnée à la ville par le gouvernement, ne convient nullement à une fontaine. Ce puits a été foré jusqu'à la profondeur de 64 mètres 30 centimètres; dans les sables verts, les eaux s'élèvent à 4 mètres 55. Il donne, en 24 heures, et à 2 mètres 27 au-dessus du sol, 100 100 litres.

Le quatrième, chez M. Benoît.

Le cinquième, rue Saint-Remy, il alimente deux bornes fontaines publiques. Le sixième à l'Hôtel-Dieu. Le septième, dans la grande caserne. Le huitième, chez M. Rommers, imprimeur sur indienne, maison de Seine. Et le neuvième, chez M. Lefèvre à Labriche.

En général, tous ces puits ont été forés jusqu'à la même couche de sable vert, où se trouve la nape d'eau jaillissante que l'on peut considérer être à 60 mètres 50 centimètres reduit de profondeur du sol de Saint-Denis. Dans le principe, ils ont donné à peu près le même volume d'eau, par l'engorgement des sables à leur orifice qui, sur ce point, sont attirés par la rapidité des cours; il suffit d'un coup de sonde pour les dégorger.

§ XI. — ÉTAT CIVIL DE SAINT-DENIS.

L'état civil de cette commune, chef-lieu de canton, consiste en une sous-préfecture, dont le tribunal de première instance est à Paris — un maire deux adjoints — un sécrétaire — un conseil municipal composé de vingt-trois membres — un juge de paix — deux suppléans, un greffier — un commissaire de police — un conservateur des hipothèques — deux notaires — deux huissiers — un lieutenant — et deux brigades de gendarmerie, l'une à pied et l'autre à cheval — deux casernes dont on a lu ci-devant la description — une direction de poste aux lettres — bureau et relai de poste — bureau de papier timbré.

Tableau Statistique des Sous-Préfets, Maires, Adjoints, Juges de Paix, Greffiers et Suppléans, de la ville de St-Denis, qui se sont succédés depuis leur création en l'an 8.

NOMS ET PRÉNOMS.	QUALITÉS.	DATES D'EXERCICES.
SOUS-PRÉFETS.		
DUBOS.		De l'an 8 à 1815.
LEROY DE CHAVIGNY.		De 1815 à 1823.
DALLON.	(Marquis de)	De 1823 à 1824.
DE JESSAINT ADR.-SÉBASTIEN.	(Baron de)	De 1824 à 1832.
MAZÈRES ÉDOUARD-JULES.		1832 à nov. 1835.
MÉCHIN ALEXANDRE LUCIEN.		Novembre 1835.
MAIRES.		
TINTHOIN J.-THOMAS.	Négociant.	L'an 8 à fin de l'an 11
DEVILLENEUVE PIERRE.	Propriétaire.	L'an 12 à déc. 1806.
DEZOBRY L.-GABRIEL.	Négociant.	Déc. 1806 à fin 1811
DESCEMET JACQUES-LOUIS.	Pépiniériste.	De 1812 à fin 1814.
BENOIST Jeune GABRIEL.	Propriétaire.	Fin 1814 à mai 1815
DEZOBRY LOUIS-GABRIEL.	Négociant.	Pend. les 100 jours.
TUPIGNY LOUIS-CORMIER.	Cons. des hyp.	D'août 1815 à 1816.
BENOIST fils JACQUES-GABRIEL.	Négociant.	Juill. 1816 à 1821.
DUPLESSIS MARIE-JOSEPH.	Cons. des hyp.	Juin 1821 à 1824.
BARDET LOUIS JOSEPH.	Notaire.	Août 1824 à 1826.
CHAMBAULT ANGE.	Maître des postes	Fév. 1826 à 1830.
BOYER CH.-J.-SÉBASTIEN.	Propriétaire.	Octobre 1830.
ADJOINTS.		
LORGET J.-BAPTISTE.	Négociant.	
BESCHE PIERRE-MAXIMILIEN.	Architecte.	
GESSARD L.-MARIE.	Pharmacien.	
BARDET L.-JOSEPH.	Notaire.	
LAJARD FÉLIX.	Recev. particul.	
HÉDOUIN L.-AUGUSTE.	Négociant.	
BEIGNIER L.-ANTOINE.	Id.	
BALIAT TH.-NICOLAS.	Propriétaire.	

SUITE.

NOMS ET PRENOMS	QUALITÉS.	DATES D'EXERCICES.
PIET PHILIPPE.	Notaire.	
DANIEL NICOLAS-CHARLES.	Propriétaire.	
JUGES DE PAIX.		
NOEL DENIS-NICOLAS.		
MAILLET JEAN-FRANÇOIS.		
LAMEAU GABRIEL-DENIS.		
TOURET.		
CORBERON. (Barron de)		
ANIÈRE EMILE-AMASTE.		
CHAMPREUX FRAN.-JACQUES.		Depuis août 1830.
SUPPLÉANS.		
LORGET ROGER.		
GILLET.		
CODIEU.		
POTIER DE LA BERTELLIÈRE.		
JACQUES-HERCULE.		
LAGOGUÉ DENIS-ANTOINE.		
GREFFIERS.		
CUPIS.		
JOURDAN.		
BOIROT.		
DEBUIRE.		
LEMIT.		
CHAMPREUX.		
GROSSET JANIN.		
LEFEBVRE LEBAS.		

ÉTAT CIVIL ACTUEL.

NOMS.	PRÉNOMS.	QUALITÉS.
MM.		
MÉCHIN.	LUCIEN.	Sous-Préfet.
LANCELOT.	VICTOR.	Secrétaire.
BOYÉ.	CHARLES-JEAN-SÉBASTIEN.	Maire.
PRUCHE.	SÉBASTIEN.	Secrétaire.
MEURDEFROY.	ANNET.	1er Adjoint.
BRAUD.	CLAUDE-JOSEPH.	2me Adjoint.
LEROY.		Cons. des hypothèq.
CHAMPREUX.	FRANÇOIS.	Juge de Paix.
LAGOGUÉ.	DENIS-ANTOINE.	Suppléant.
POTIER DE LA B.		Supléant.
LAMBERT.	MARCEL.	Greffier.
MASSON.	JEAN-BAPTISTE.	Commiss. de Police.
BEAUGRAMD.	AUGUSTE.	Notaire.
LEBEL.	FRANÇOIS-EDOUARD.	NOTAIRE.
MESNAGER.	MARC.	Arch. en ch. de l'ég.
GUÉRIN ULYSSE.	DIT HARDY.	Architecte. Géomèt.

§ XII. EFFECTIF DE LA GARDE NATIONALE.

Environ 800 hommes forment le premier bataillon de la 1re Légion de la Banlieu. Ce bataillon est composé comme suit :

État-major.	13
Sapeurs porte-hache.	9
Musiciens.	24
Grenadiers.	89
1re compagnie de chasseurs.	153
2e idem.	119
3e idem.	123
4e idem.	101

Changemens survenus dans l'état-civil dans l'intervalle de la publication de ce volume.

―――

BRISSON (Jean-Victor), maire, en remplacement de M. Boyé.
SALLE (Jean-Hippolyte), 2ᵉ adjoint, en remplacement de M. Brand.
CHAUVIN (François), suppléant du juge-de-paix, en remplacement de M. Potier.
LUGUEUX, architecte de l'arrondissement, en remplacement de M. Guérin-Hardy, pour la ville.

Voltigeurs.	73
Artillerie.	40
Sapeurs-pompiers.	30
Cavalerie.	22
TOTAL.	679

M. Cosnard Edme-Georges-Jacques-François, en est le chef.

§ XIII. INDUSTRIE COMMERCIALE ANCIENNE ET MODERNE.

ART. Ancienne industrie commerciale.

Description historique de tous les établissemens les plus remarquables relatifs au commerce et à l'industrie tant anciens que modernes, qui ont existés et existent maintenant dans cette ville.

Ce fut hors l'enceinte du château, qui, sous le règne de Philippe Ier, servait de palais aux rois, que ce trouvait l'emplacement destiné pour les plus fameuses et les plus longues foires de la ville de Saint-Denis.

La première qui remontait au règne de Dagobert, se tenait sur le grand chemin de Pontoise à Paris, proche les églises de Saint-Martin et de Saint-Denis de l'Étrée. Sa durée, qui était fixée à quatre semaines, afin de donner aux marchands qui venaient de la Lombardie, de l'Espagne et des provinces, le temps d'arriver, commençait le 10 octobre (1). Le commerce qui s'y faisait, consistait principalement en vin, miel et garance pour la teinture rouge ; ceux de la Frise et autres

(1) Félibien. Histoire de l'Abbaye de Saint-Denis, p. 14.

pays septentrionaux, ceux de Normandie s'y rendaient pour se procurer tout ce qui leur manquait (1). Cette foire célèbre fut dès l'an 710, transférée près Paris, à cause de plusieurs accidens fâcheux qui y étaient survenus. Elle se tenait alors entre les églises de Saint-Laurent et de Saint-Martin. Un nommé Guérin, comte de Paris, en prit l'occasion d'usurper au profit du fisc royal, la moitié des droits qui appartenaient à l'Abbaye sans aucun partage ; et les maires du palais, qui vinrent ensuite, regardèrent ce revenu comme un droit légitime. Il y eut procès; alors une charte du roi Childebert, datée du 13 octobre de la douzième année de son règne, les rétablit dans leurs droits pour la sûreté des marchands et annonça des indemnités à ceux qui apporteraient leurs marchandises d'Allemagne et d'autres endroits fort éloignés. Par suite, elle fut encore ramenée à Saint-Denis, elle n'avait lieu d'abord que le jour de la fête; mais, en 1472, Louis XI accorda des lettres qui permettaient de la faire durer huit jours ; elle se tient encore maintenant le même jour 9 octobre.

La seconde foire de Saint-Denis, se tenait le jour de Saint-Mathias. Elle était fixée à cette époque, parce que ce jour était l'anniversaire de la dédicace de l'église achevée sous Charlemagne.

(1) Félibien. Histoire de l'Abbaye de Saint-Denis, p. 23.

Des lettres de rétablissement de cette foire du 28 janvier 1580, accordée par Henry III, font mention qu'elle durait huit jours (1), cette foire, qui ouvre le 24 février, est celle appelée la foire des Loges, elle se tient alternativement pendant quatre semaines, le mercredi et samedi, ainsi que le premier jour du Lendit et de la saint Denis, le 9 octobre.

Quant à celle que l'on comptait pour la troisième, parce que depuis plus de deux siècles, elle se tenait dans la ville ; elle n'est autre que celle du Lendit dont j'ai donné une description assez étendue page 220 dans l'article de la plaine Saint-Denis. Elle se tient maintenant au boulevart Neuf, le 11 février.

La nature du commerce des habitans de Saint-Denis à l'époque du treizième siècle était ainsi désignée d'après un catalogue de proverbes usités à Paris vers l'an 1300 de cette époque qui disait alors : « *Soie de Saint-Denis* ; » et quant aux choses manducables, ce catalogue après avoir mis *partez de Paris*, met *tripes de Saint-Denis* (2), Lebeuf dit : « Je ne sais si le ruisseau qui y passe, « n'aurait pas eu de là son nom de *Merderet* ». C'est ce ruisseau qui est désigné par le mot *Rouillon*, ou plutôt, c'est le *Crould*, c'est là qu'on y appareillait des draps.

(1) Lebeuf, histoire de Paris, t. 2, p. 240.
(2) Lebeuf, précité, p. 241 et la note.

Il y avait dès lors beaucoup de drapiers dans cette ville, ils étaient autorisés par un arrêt rendu en 1319, à exposer leurs marchandises à Paris à la halle aux draps les samedis. Les teinturiers y étaient en assez grand nombre à la faveur de la rivière du Crould, et d'une autre petite rivière qui passe dans la ville.

En 1353, il y eut un procès entre les teinturiers et les tissiers. Les premiers voulaient contraindre les derniers à faire teindre chez eux.

Les teinturiers et les drapiers de Saint-Denis, étaient également en procès en 1409, mais en 1493, les habitans de Saint-Denis renoncèrent au droit qu'ils avaient dans la halle de Paris, au profit du roi.

On voit par cet exposé que Saint-Denis est une des villes où l'industrie commerciale règne depuis le commencement du sixième siècle, époque de l'établissement de ses foires, et toujours avec la plus grande activité. Dès lors, la draperie et la teinture y étaient florissantes. Son commerce et son industrie se sont accrus avec la ville qui possède plus de quarante établissemens importans.

Art. 2. — Industrie commerciale moderne.

L'industrie commerciale moderne consiste : en institutions pour les deux sexes, — pharmacie, — imprimerie — fabriques de toutes sortes de toiles peintes, de toile de coton, de tuyaux sans couture, de plomb laminé, d'huiles, de gélatiens, du salpêtre, soude factice et autres productions chimiques, de tissus élastiques. — Imprimerie sur étoffe. — Blancherie de toile. — Nombreux et superbes lavoirs de laine. — Divers ateliers pour l'apprêt des laines destinées à la confection des draps. — Quantité de moulins pour l'approvisionnement de Paris et où l'on fait la mouture économique au moyen d'un mécanisme mu par la force de la vapeur et de l'eau. On remarque aussi beaucoup de teinturiers. Il s'y fait un grand commerce de farine, vin, vinaigre, laine, bestiaux, etc.

Les foires ouvrent le 11 février pour neuf jours, le 24 du même mois pour huit jours, le 9 octobre pour neuf jours, et celle du Landit, qui est très importante pour la vente des moutons, dure quinze jours.

On a calculé qu'année moyenne, la vente des draps à toutes ces foires s'élevait à 1,500,000 fr. de toiles à 300,000 fr. de lainages à 200,000 fr. et de rouenneries à 800,000 fr. Il se vend, à la foire du Landit 80 à 90,000 bêtes à laine envoyées de divers départemens et quelques centaines de mérinos. Il y vient des troupeaux de Wurtemgerbg et autres pays d'Allemagne.

L'établissement des voitures publiques qui partent de demi-heure en demi-heure pour Paris, est très bien organisé à l'instar des *omnibus*. Il correspond avec plusieurs établissemens de ce genre qui parcourent la capitale.

§ XIII. ÉVÈNEMENT RÉCENT CAUSÉ PAR LA FOUDRE A LA FLÈCHE PYRAMIDALE DE LA BASILIQUE.

Le 9 juin de cette année 1837, à 7 heures 3/4 du soir, la foudre est tombée sur le clocher pyramidal de la basilique de Saint-Denis. C'est sur le coq doré, soutenu par une croix en fer, que le tonnerre a frappé. Il a percé le globe de pierre revêtu de lames de fer et qui sert de base à la croix. A six pieds de ce globe il y a eu plusieurs grosses pierres taillées en forme d'écailles qui ont été déplacées, plusieurs ont été lancées au loin. Il reste des vides dangereux pour le sommet de la flèche. Ces excavations sont dans la direction du nord-est. Vers le sud-ouest, deux ou trois toises plus bas, la foudre a formé une crevasse irrégulière, de la longueur de six pieds sur deux de large. On voit encore sur le haut d'une des quatre barbacanes un trou d'un pied de diamètre avec deux autres de moindre dimension. Dans l'escalier du clocher on remarque dans le mur, ou rampe, près de cinq pieds de pierre en longueur d'enlevé; on est surpris que plusieurs marches ne soient pas tombées. En dehors on aperçoit sur la terrasse une tête de chimère, ou gargouille, qui a été abattue par le tonnerre. Une poutre de l'échafaudage, de huit pouces d'épaisseur, a été rompue en deux parties. On a trouvé la porte qui conduit à l'horloge enfoncée, la gâche avait été arrachée. Plusieurs parties du fer qui composent le bas circulaire du balancier ont été fortement endommagées. Un employé de l'église a vu tomber la foudre au bas du lieu saint, près de la porte principale; elle a disparu par-dessous en faisant sauter par éclats le plâtre qui bouchait les fentes. L'employé du chapitre a failli être asphixié. Le tonnerre en disparaissant a laissé une épaisse fumée dans la basilique; cette fumée avait l'odeur de la fumée de poudre à canon. Aussitôt après l'évènement les autorités locales et plusieurs membres du chapitre royal se sont transportés dans ce temple si riche de souvenirs. On a fait la visite de tous les endroits où le feu aurait pu prendre; on a poussé même les précautions jusqu'à faire passer la nuit à plusieurs gendarmes et à plusieurs pompiers dans le lieu saint. Toutes les deux heures on faisait de toutes parts des rondes.

Il serait bien à désirer que la Chambre votât les fonds nécessaires pour la réparation d'un monument si antique et des plus beaux de la France. L'empereur consacrait tous les ans 300,000 francs, depuis 1806, à l'embellissement de cette basilique royale. Ce vote est d'autant plus urgent que si la foudre mettait le feu à l'échafaudage intérieur et extérieur qu'on y voit en ce moment, il serait fortement à craindre qu'on ne pût sauver ce temple qui renferme de si riches monumens. Depuis la chute de la foudre la flèche paraît tellement endommagée sous le rapport de la solidité que, d'après l'avis de l'architecte, on ne peut plus sonner en branle le gros bourdon sans danger pour l'église. Il a été question même d'interdire le passage de la rue qui longe le côté gauche du monument.

Le gouvernement s'est empressé d'ordonner une mise de fonds nécessaires pour réparer ces dégâts. Le moindre retard aurait pu compromettre la sûreté du monument, celle des habitations qui l'entourent, et spécialement la maison d'éducation de la légion d'honneur.

§ XIV. ÉTENDUE DU TERRITOIRE. — SES PRODUCTIONS.

La superficie du territoire est de 1,103 hectares, 57 ares 75 centiares.

Les productions consistent en terres labourables, légumes, peu de vignes et prairies.

Cette ville a adopté en partie l'éclairage économique de l'ingénieur J.-A. Bordier-Marcet.

§ XV. POPULATION ANCIENNE ET MODERNE.

En 1726, d'après le Dictionnaire universel de la France, la population était de 2,060 hab.

En 1735, le dénombrement de l'élection de Paris porte le nombre des feux à 455.

En 1771, on comptait suivant le Dictionnaire de la France, par Robert de Hesselin, 3,000 habitans.

En 1817, Vosgien élève la population à 4,000 h.

Même année, Odiet, dans son Dictionnaire des environs de Paris, la fait monter à 4,800 hab.

Et maintenant, d'après le tableau ci-après, elle s'élève à 9,618 hab., non compris 1,119 soldats de garnison.

TABLEAU statistique contenant le dénombrement de la nouvelle population, des naissances, mariages et décès, pendant les années 1850, 1831, 1852, 1833, 1834, 1835, d'après celui qui m'a été officiellement communiqué par la préfecture du département de la Seine.

ANNÉES.	POPULATION SEXE.			NAISSANCES. SEXE.			MARIAGES.	DÉCÈS. SEXE.			Décès par le choléra.	OBSERVATIONS.
	Masculin.	Féminin.	TOTAL. (A)	Masculin.	Féminin.	TOTAL.		Masculin.	Féminin.	TOTAL.		
1850				156	162	318	77	337	251	588		(A) Cette population est regardée par décision minist. seule valab pendant 5 ans
1831				154	140	294	67	206	214	420		Dans le total général des décès sont compris les cholériques.
1832				153	115	268	71	383	592	775	293	(1) Non compris 1,119 soldats de garn.
1833			9,681 (1)	166	166	332	85	185	172	367		(2) Dans ce tot. sont comp. 12 enf. nat. ou reconnus par jugem.
1834	4,400	5,218		151	173	323	62	251	204	455		(3) Non comp. 14 reconnus par jugem.
1835				155	160	327(2)	87(3)	198	157	361(4)		(4) Dans ce tot. sont comp. 6 déc. 2 m. 4 f. transcrit par jugem.

RENSEIGNEMENS TARDIFS SUR LA VILLE DE SAINT-DENIS (1).

Notice sur tout ce qui s'y est passé au mois de mars 1814.

L'histoire seule pourra transmettre à la postérité le concours inouï de circonstances qui, en 1814, ont livré la France aux étrangers. Mais puisque je suis entré dans de grands détails sur cette ville, ce serait une lacune impardonnable, d'omettre de faire mention d'un fait qui l'honore infiniment. Je veux parler de la noble et généreuse conduite de ses habitans, dans les journées mémorables du 29, 30 et 31 mars de cette année.

Paris était visiblement attaqué, l'ennemi n'en était éloigné que de quelques marches.

Cinq cents jeunes demoiselles de la maison royale, oubliées dans ce désordre général, étaient restées pour ainsi dire confiées à l'honneur et au courage des citoyens, il fallait les protéger et les défendre, il fallait mettre une ville ouverte de toute part en état de résister, sinon à un siège réglé, du moins à l'attaque de la colonne de pillards et

---

(1) Ce renseignement important ne m'ayant été communiqué officiellement qu'après l'impression et le tirage des feuilles contenant l'époque où il devrait être placé, j'ai cru devoir le mettre à la fin de la description de la ville de Saint-Denis, afin de n'en pas priver le lecteur.

maraudeurs qui précédaient les armées ennemies.

Rempli de crainte et de valeur, les habitans n'hésitent pas; la garde nationale, qui venait d'être organisée régulièrement est soudain sous les armes; tout se fait spontanément; un conseil de défense se constitue, on creuse des fossés, des retranchemens, et des barricades sont établies aux portes de la ville par corvée patriotique; six pièces de canon en défendent l'accès, tout le monde est sous les armes et le service est permanent.

De toute la jeunesse qu'on avait promise, quatre cents hommes seulement de la jeune-garde leur arrivent dans la nuit du 29 au 30, ils sont accueillis avec joie et cordialité; une communauté de dangers établit une communauté d'intérêt; citoyens et soldats, tous rivalisent de dévouement, ils vont en donner la preuve.

Le 30 mars, à 8 heures du matin, le général Karniloff, commandant une brigade russe, fait sommer la ville de se rendre. La réponse ne se fait pas attendre. Soudain un feu assez vif s'engage sur tous les points. Après diverses tentatives, l'ennemi est repoussé avez perte : les boulets, les obuses, la mitraille volent et se croisent toute la journée. Quelques familles ont des pertes à déplorer; mais l'ennemi, partout à découvert, en éprouve de plus considérables; croyant la garnison plus nombreuse, il n'ose risquer l'assaut, et comptant sur l'arrivée prochaine de l'empereur, les assiégés de leur côté auraient refusé les conditions mêmes les plus honorables.

Le soir on apprend la reddition de Paris; dès lors plus d'espoir, la résistance n'a plus de but. Le lendemain on capitule et l'on obtient toutes les garanties que l'on pouvait se promettre, le respect des personnes et des propriétés.

La garde nationale n'avait voulu combattre que les ennemis de l'état, le désordre et l'anarchie; sa tâche avait été glorieusement remplie. Elle se rallie au nouvel ordre de choses, et continue encore long-temps, avec la même persévérance, un service très fatiguant auquel la ville doit sa sécurité, dont elle a joui au milieu d'évènemens si extraordinaires.

En visitant la maison royale, à son retour en 1815, l'empereur se fit présenter deux citoyens qui avaient le plus contribué à cette énergique défense et leur décerna la récompense des braves. Ils furent compris d'abord dans la suppression qui eut lieu alors; mais Louis-Philippe, à son avènement au trône, juste appréciateur du vrai mérite, leur rendit la décoration à laquelle doivent s'attacher d'aussi honorables souvenirs.

CHAPITRE III.

L'ILE SAINT-DENIS.

Art. 1ᵉʳ. — Son origine.

De toutes les îles nombreuses que renferme la Seine, la plus grande et la plus longue est l'île Saint-Denis, qui contient une lieue de longueur, (1) éloignée de deux petites lieues au nord de Paris; cette île, formée par la Seine, est située à un quart de lieue de la ville de Saint-Denis. On voit, à son extrémité orientale, en face de cette ville, un joli petit village.

(1) Elle s'étend un peu au-delà d'Epinai.

Cette île s'appelait autrefois l'île de *Chastelier* ou *Chasteler*, nom qui, probablement, lui vint d'un ancien château qui y aurait existé. Le titre le plus ancien qui fasse mention de cet île sous ce nom, est une charte du roi Robert, de l'an 998 (1).

Dans le Xe siècle, elle appartenait à un nommé Hugues Basseth, qui y possédait une forteresse. L'ayant donnée en mourant à son épouse, dont on ignore le nom, celle-ci l'apporta en mariage en secondes noces, à Bouchard II, dit le Barbu, le deuxième seigneur de Montmorency, dont il prit le nom (2).

A la suite d'un différend survenu entre lui et l'abbé Vivien, de Saint-Denis, à qui il refusa de faire hommage d'une forteresse qu'il possédait dans cette île (3). Vaincu par les armes de Bouchard, l'abbé Vivien, qui était fort incommodé de ce terrible voisinage, en porta plainte au roi Robert, qui d'abord ordonna la démolition de la forteresse; mais, plus animé que jamais contre les religieux de l'abbaye, Bouchard continua à les vexer de toutes manières. Enfin, à la prière de la

---

(1) Chron. de Saint-Denis, vie du roi Robert, ch. vii. Duchêne, Histoire de Montmorency, pag. 65, in-fol.

(2) Duchêne, Hist. de Montmorency, p. 65.

(3) Je parlerai plus au long de cette affaire en donnant l'Hist. de la ville et des seigneurs de Montmorency.

reine Constance, et pour mettre fin à ce scandale et à la vengeance de Bouchard, le roi lui donna en 998, une autre forteresse appelée Montmorency, sous la condition que ni lui, ni ses descendans, n'en reconstruiraient de nouvelles dans l'île Saint-Denis (1).

Cependant, à en juger par l'acte de l'an 1219, il paraîtrait que les descendans de Bouchard II ne tinrent pas compte de la promesse qu'il fit au roi Robert et qu'ils élevèrent une autre forteresse dans l'île. Cet acte, que l'on trouve dans l'histoire de Montmorency (2), est une promesse faite, avec serment sous Philippe-Auguste, par Mathieu de Montmorency, son grand connétable, de ne jamais faire bâtir dans la suite aucune forteresse dans l'île; et voulant assurer sa promesse, il consent que, dans le cas contraire, le roi puisse de suite la faire démolir et faire, en outre, ravager et incendier tout le village de cette île.

L'année suivante, le même prince fit abattre la maison du sergent du même connétable, nommé Guillaume de Lagny, parce qu'elle avait l'air d'une forteresse, et pourtant il permit que Robert de Montmorency, autre sergent du connétable, en élevât une dans l'île de Chasteler, sur la

(1) Duchêne, précité, p. 10 des preuves.
(2) Duchêne, Hist. de Montmorency, preuves, pag. 85.

Seine, pourvu qu'elle ne dépassât pas la hauteur des maisons (1).

Mathieu de Montmorency, qui possédait le fief du Châtelier, fit tous ses efforts pour prouver qu'il lui appartenait; mais Philippe-le-Hardy, après la production des titres de Saint-Denis, prononça que c'était à cette abbaye que Mathieu devait en rendre hommage (2). Il est présumable que cette décision fit changer le nom de Châtelier en celui de Saint-Denis, qu'elle a toujours conservé depuis (3).

Mais au XIV° siècle, sous le règne du roi Jean, cette île n'était plus dans la maison des Montmorency; elle passa à un écuyer nommé Pierre de Saint-Paul. Charles V l'acheta de lui; et, en 1373, il en fit don à l'abbaye, avec d'autres biens, pour fonder plusieurs services (4).

Le revenu de cette île était alors de cent cinquante livres (5).

Art. 2. — De l'Eglise.

L'île Saint-Denis dépendait, originairement, de la paroisse de Saint-Marcel, de Saint-Denis. Mais la difficulté de se rendre à cette église fit

---

(1) Duchêne, précité, p. 10 des preuves.
(2) Duchêne, Hist. de Montmorency, preuves, p. 124.
(3) Lebeuf, Hist. du Diocèse de Paris, t. 3, p. 290.
(4) Félibien, Hist. de Saint-Denis, p. 287.
(5) Pouillé de 1648, p. 154.

que ses habitans, qui étaient obligés de passer l'eau pour aller à la messe, obtinrent l'autorisation d'ériger une succursale.

Cette érection fut faite par le cardinal Réty, le 9 août 1620, sous le nom de Saint-Sébastien. Un prêtre de Saint-Marcel devait la desservir, mais la difficulté aussi d'avoir un prêtre qui voulût bien se charger de cette mission fit que les habitans obtinrent, par un décret qui fut rendu le 20 juin 1668, de faire ériger en cure cette succursale.

Art. 3. — Démolition et reconstruction de l'Eglise de l'île St-Denis.

En 1830, d'après les représentations faites par M. Labbaye (1), maire de l'île Saint-Denis, le gouvernement de Charles X autorisa la démolition et la reconstruction de l'église de ce village, qui était d'un style gothique, mais qui tombait en ruine. Le gouvernement accorda à cet effet, à M. Labbaye, une somme de 14,000 fr.

Ce petit temple a été élevé par les soins et sur les plans de M. Guenne-Pin, architecte. M. Adrien-Sébastien, baron Jersaint, alors sous-préfet de Saint-Denis, en posa la première pierre le 18 octobre 1830, et sa dédicace fut célébrée, sous l'invocation de Saint-Pierre et Saint-Sébastien, par M. Clément Barde, curé de Saint-Denis, le 13 septembre 1832.

(1) Tel est le nom de ce maire.

Quant au maire, M. Labbaye, qui était en fonctions depuis la première création de cette autorité, il y a apporté tous ses soins et toute sa surveillance. On peut dire avec vérité, que cet homme de bien, mort le 31 mai 1831., était chéri de tous ses administrés; c'est le plus bel éloge que l'on puisse en faire. Cette église, qui, ainsi qu'on vient de le voir, avait été érigée en cure pour la commodité des habitans, est maintenant desservie par un prêtre de la paroisse de Saint-Denis, depuis la séparation du hameau de Villeneuve-la-Garenne, qui faisait partie de la petite paroisse de l'île Saint-Denis (1).

Enrichie de tous les dons de la nature, cette île, qui peut être regardée comme un lieu de plaisir, joint à l'agrément de sa position pittoresque, des eaux très abondantes; aussi l'a-t-on choisie pour y faire construire de très jolies maisons de campagne qui couvrent presque entièrement son territoire.

Cette position si heureuse est cause qu'il s'y

---

(1) Il serait bien à désirer pour la commodité et le petit village qui est indépendant, qu'il y eût un chapelain attaché à cette petite église; les habitans ne seraient pas obligés de traverser la Seine dans des petits bateaux pour faire baptiser leurs enfans, qui peuvent mourir en chemin, surtout en hiver et dans le temps des grosses eaux.

est établi beaucoup de guinguettes, de restaurateurs et de jardins publics.

Art. 4. — Population.

Le nombre des habitans, qui, en 1709, était de 456, n'est plus maintenant que de 230 environ, par la séparation du hameau précité, qui a eu lieu en 1790.

La majeure partie des habitans de l'île ne s'occupent que de pêche et de blanchissage, mais très peu d'agriculture.

Art. 5. — Etat civil.

Il consiste en un maire et un adjoint, un conseil municipal composé de 10 membres. M. Thorigny a succédé à M. Labbaye. Etant mort subitement, le 25 juin 1837, c'est maintenant M. Nicolas Perrin qui est en fonctions.

NOTICES BIOGRAPHIQUES

DES

HOMMES ILLUSTRES MORTS OU VIVANS

De la Ville de Saint-Denis.

Nombre de personnages remarquables ont illustré la ville de Saint-Denis, et principalement l'abbaye qui les a produits ou possédés dans son sein. La plupart de ces hommes célèbres, tant par leurs ouvrages que par le rang qu'ils ont occupé dans l'église, m'a déterminé à ne donner au lecteur qu'une notice succincte, qui pourtant aura plus d'étendue pour les personnages les plus distingués.

SIGEBERT.

Le premier personnage qu'on connaisse est un nommé Sigebert, moine de l'abbaye. Il fut député à Rome, par Charles-Martel, en 726.

SAINT GÉRARD.

Saint Gérard était né à Staves, au comté de Namur, de parens distingués. Son père, nommé Stance, qui était proche parent d'Haganon, duc d'Austrasie, lui fit prendre de bonne heure le parti des armes, comme le plus convenable à sa naissance; mais ensuite, il fut d'abord moine de Saint-Denis, puis premier abbé de Brogne, au diocèse de Namur. Envoyé à la cour de Béranger, Gérard gagna par son heureux caractère l'amitié et la confiance au point qu'il pouvait aspirer à toutes les faveurs de la fortune. Il mourut le 3 octobre 959. Les miracles qui s'opérèrent après sa mort, obligeant de lever son corps de la terre, en 1131, cette cérémonie tint lieu de canonisation légitime (1).

DUNGAL.

Dungal, qui était vraisemblablement Hibernois, écrivait au neuvième siècle. Arrivé en France, il fut, à ce que l'on croit, reclus sous l'abbé Vaston de Saint-Denis, ou du moins très-attaché à cette abbaye. — En 811, Charlemagne le consulta sur les deux éclipses de soleil qui, soi-disant, étaient arrivées l'année précédente. La réponse de Dungal à ce prince, dans une lettre assez longue, se trouve dans le tome X in-4° du *Spicilège de Dom Luc d'Achéri*. Il existe encore de lui un traité pour la défense des images, qui se trouve dans la bibliothèque des Pères. Il est imprimé séparément in-8°, en 1608.

Au nombre des écrivains, on remarque l'auteur des *Gestes du roi Dagobert*, composés au 9ᵉ siècle et imprimés dans Duchesne.

Parmi les écrivains qui ont rapporté les miracles de St.-Denis, qui sont du même temps ou environ, je cite les suivans.

HILDUIN.

Hilduin, né d'une famille noble, était abbé de St.-Denis, sous le règne de Louis-le-Débonnaire. Auteur

(1) Voyez Félibien, Hist. de l'Abbaye de Saint-Denis, pag. 183 et 184.

d'une vie de saint Denis, intitulé : *Areopagetica* (Paris, 1565, et dans Surius), il confond, dans cet ouvrage, le saint évêque de Paris avec l'*aréopagiste*. Avant lui, cette erreur n'était pas connue, et ne fut détruite que dans le dernier siècle. Cette identité fantastique et mal fondée fit peu d'honneur à son esprit, et son attachement méprisable au rebelle Lothaire en fit encore moins à son cœur, surtout après avoir juré fidélité à l'empereur Louis, son père. On remarque qu'à mesure que ce père infortuné se brouillait et se raccommodait avec ses enfans, cet abbé prenait, quittait et reprenait son parti. Animé d'un zèle indiscret, et ayant embrassé trop précipitamment celui de Lothaire, il fut relégué en Saxe, au monastère de la Nouvelle Corbie, où il resta un an, par le secours de son disciple Hincmar, qui lui avait ménagé sa grâce auprès de l'empereur, en 831. Ce célèbre abbé, après s'être occupé, avec son disciple Hincmar, à réformer le désordre qui régnait dans l'abbaye, mourut, suivant les uns, en 841, le 22 novembre, d'autres disent en 842, et fut enterré à St.-Médard-de-Soissons (1).

SUGER.

L'abbaye de St.-Denis n'a point eu d'abbé plus connu et plus digne de l'être que Suger. La profondeur de son génie, comme ministre, sous Louis VI et Louis VII, ont rendu célèbre son nom dans la France. Né en 1081, sous le règne de Philippe Ier, Suger fut mis à l'abbaye de Saint-Denis dès l'âge de dix ans, où Louis, fils de France, depuis Louis-le-Gros, était élevé.

Quoique né d'une condition médiocre, et élevé dès l'enfance dans un monastère, il se forma de bonne heure

---

(1) Voyez Félibien, Hist. de l'Abbaye de Saint-Denis, pag. 66 à 85.

son jugement aux grandes choses. Il était faible et bien constitué ; il était doué d'une mémoire heureuse et d'un discernement juste. Ses manières insinuantes, beaucoup de vivacité dans ses pensées et de facilité à les exprimer, furent la cause de sa grande élévation. On admirait dans lui une âme aussi grande dans un corps aussi petit et délié que le sien.

De retour à la cour, Louis-le-Gros, qui l'avait remarqué, l'y appela et fut son conseil et son guide. En 1122, il succéda à Adam, abbé de St.-Denis, qui venait de mourir. Il avait l'intendance de la justice et la rendait, à son abbaye, avec exactitude et sévérité. Son gouvernement monastique était tout paternel. Il fit sortir Abeillard de prison. Les affaires de la guerre et les négociations étrangères étaient de son département. Suger, dont l'esprit actif et laborieux suffisait à tout, étalait un faste qui convenait plus à un seigneur qu'à un abbé; mais, touché par les exhortations de saint Bernard, il réforma, en 1127, son monastère. Son intention était de se renfermer entièrement dans le cloître ; mais, en partant pour la Palestine, Louis VII le nomma régent. Alors ses soins comme ministre s'étendirent sur toutes les parties du royaume. Il ménagea le trésor avec tant d'économie que, sans charger les peuples, il trouvait le moyen d'envoyer au roi de l'argent toutes les fois qu'il en demandait. Il mourut à St.-Denis, dans de grands sentimens de piété, en 1152, âgé de 70 ans, entre les bras des évêques de Noyon, Senlis et Soissons. Le roi honora de ses larmes les funérailles de son ministre.

Il avait son tombeau dans l'abbaye de St.-Denis, qui était modestement placé dans un coin de la basilique de St.-Denis. Un médaillon, qui représentait la tête de cet abbé célèbre, fermait la clé d'une des voûtes de l'abbaye qu'il avait fait construire. Ce portrait est d'autant plus précieux qu'il a été exécuté par des sculpteurs contemporains de Suger. On a de cet illustre abbé une vie de Louis-le-Gros, et autres ouvrages, ainsi que des lettres curieuses en sa qualité de ministre d'état.

ODON DE DEUIL.

Odon de Deuil a été aussi abbé de St.-Denis. On a de lui une histoire de la croisade sous le règne de Louis VII, à laquelle il a été présent.

GUILLAUME.

Guillaume, moine de St.-Denis, en 1170, traduisit plusieurs ouvrages de grec en Latin.

RIGORD.

Rigord ou Rigolde, né dans la Gothie, aujourd'hui Languedoc, était médecin, historiographe du roi de France et chapelain du roi Philippe-Auguste, qu'il suivait même à l'armée. Quoiqu'ayant employé dix ans à écrire la vie de ce roi, il en faisait si peu de cas que, si Hugues, abbé de St.-Denis, ne l'avait pressé de la publier, il l'eut supprimée. Il mourut au commencement du 13e siècle, le 19 novembre. Son livre de la vie de Philippe-Auguste est écrit en latin ; il comprend l'intervalle de 1169 à 1209 ; il a pour titre : *Gesta Philippi Augusti Francorum Regis*, et se trouve dans la collection de Duchesne, tome 3. Il y a des particularités : il dit, par exemple que, « depuis que la vraie croix avait été prise » par les vrais Turcs, les enfans n'avaient plus que vingt » ou vingt-deux dents, au lieu qu'ils en avaient trente » ou trente-deux auparavant. »

GUILLAUME DE NANGIS.

Guillaume de Nangis de l'abbaye de St.-Denis mourut en 1302. On a de lui la vie de saint Louis et celle de Philippe III. Il est, en outre, auteur de deux chroniques, dont les historiens ecclésiastiques et profanes ont fait usage. La principale s'étend jusqu'en 1320; elle se trouve dans le 5ᵉ vol. de Duchesne; elle a eu deux continuateurs qui l'ont poussée, l'un, jusqu'en 1340, l'autre, jusqu'en 1368.

GILLES DE PONTOISE.

On attribue à Gilles de Pontoise, abbé de St.-Denis, une vie de saint Denis, dédiée au roi Philippe. D'autres croient que ce fut Yves, religieux de cette abbaye, qui écrivit l'histoire du martyre de St.-Denis, vers l'an 1321, par ordre de Gilles, et même, suivant Félibien(1), l'histoire de France, en latin, jusqu'à Philippe V.

GUI DE CHARTRES.

Gui de Chartres composa, entre les années 1326 et 1342, une vie des saints, intitulée : *Sanctilogium*.

PHILIPPE DE VILLETTE.

Philippe de Villette, deux jours après la mort de l'abbé Gui, fut élu abbé de St.-Denis, et tint le siège depuis 1398 jusqu'en 1418. Le duc de Bourgogne ainsi que les autres princes félicitèrent les moines de leur choix. Il

---

(1) Voyez Félibien, page 269.

est auteur d'un livre sur la juridiction temporelle et spirituelle du monastère, et d'un autre ouvrage sur l'autorité du concile.

BENOIT GENTIEN.

Un anonyme que l'on croit être Benoit Gentien, religieux de l'abbaye, a écrit une vie de Charles V, qui est perdue. Il reste de lui une vie de Charles VI, écrite en latin, publiée en français par Le Laboureur.

JEAN CHARTIER.

Jean Chartier, bénédictin, eut la place de chantre de St.-Denis, *des grandes Chroniques de France*, vulgairement appelées Chroniques de St.-Denis, rédigées en Français, depuis Pharamond jusqu'au décès de Charles VII, trois volumes in-folio, Paris, 1493. Ce livre est rare et cher. L'histoire de Charles VII, par cet auteur, parut au Louvre, en 1661, in-folio, par les soins du savant Godefroi, qui l'avait enrichie de remarques et d'autres pièces qui n'avaient pas encore vu le jour. On prétend que Chartier est aussi crédule que peu exact, et qu'il écrivit sèchement et en vrai compilateur.

JEAN DE VILLIERS.

L'abbaye de St.-Denis ayant vaqué près de six mois, le roi nomma, en 1474, Jean de Villiers de la Groslaye, évêque de Lombès, pour avoir soin du temporel pendant la vacance. Il était de noble famille; son intelligence dans les affaires le fit nommer président de la cour des Aides, à Paris, et depuis président de l'échiquier de Rouen, changé, peu après, en parlement, sous Louis XII.

Il gouverna le monastère pendant vingt-cinq ans; en 1477, il était employé dans les négociations, et vivait plutôt en ministre d'état qu'en abbé ou en évêque.

CRESPIN DE BRICHANTEAU.

Crespin de Brichanteau, religieux de St.-Denis, fut nommé, avec autres, gardien du Trésor de St.-Denis, lors du renouvellement de la guerre entre François Ier et l'empereur Charles-Quint, en 1544. En 1554, la guerre continuant entre le roi Henri II et Charles-Quint, il y eut, à cette occasion, une cérémonie religieuse, où l'on descendit les corps saints, et où Crespin fit un sermon en présence de la cour qui y assistait. En 1574, le corps de Charles IX, qui venait de mourir, fut porté à St.-Denis, le 12 juillet, même année, avec grande pompe, et fut présenté, par Pierre de Gondy, évêque de Paris, à Crespin de Brichanteau, qui était alors abbé de St.-Vincent de Laon, et aux autres religieux de l'abbaye.

Parmi les religieux distingués dont Félibien fait mention, en 1573, il cite particulièrement et comme un des plus estimés Crespin de Brichanteau, docteur en théologie, dont le rare mérite le fit appeler à la cour, pour être confesseur des rois Henri II et François II. Nommé à l'évêché de Senlis, la mort le prévint avant qu'il prît possession de sa nouvelle dignité.

JEAN DOC.

Jean Doc, religieux distingué par sa capacité, commença par être infirmier, en 1522, puis grand-prieur et vicaire-général de l'abbé. Plus tard, il gagna tellement les bonnes graces du cardinal de Bourbon, qu'il le fit son successeur, dès l'an 1552, dans l'évêché de Laon; il ne quitta pas pour cela son office de grand-prieur. Il résidait une partie de l'année à St.-Denis, et l'autre à son évêché. Il mourut en 1560, et fut enterré à Laon, auprès du cardinal son bienfaiteur, auquel il dédia son ouvrage, intitulé : *De æternâ Filii Dei generatione et temporali nativitate.* On a de lui des homélies sur la passion de J.-C., intitulées : *Dominicæ Passionis enarratio.*

JEAN DE VERDUN.

Jean de Verdun, moine de St.-Denis, docteur en théologie, prédicateur du roi, député au concile de Trente, mort en 1579. Félibien rapporte son épitaphe en latin, page 582.

HENRI GODEFROY.

Henri Godefroy, chantre et commandeur de l'abbaye, docteur en théologie, est mis au nombre des hommes illustres, comme s'étant distingué par son savoir, son éloquence et ses dignités. Né à Paris, il eut l'honneur d'être tenu sur les fonds de baptême par Henri II. On a de lui un traité des reliques trouvées à St.-Denis-de-l'Etrée, en 1577, et un traité de l'*usure*, imprimé dans la même année. Il mourut en 1590.

VALENTIN DAUGLAS.

Valentin Dauglas, né d'une famille noble, moine de St.-Denis, puis évêque, en 1581, mort en 1598.

GODEFROI DE BILLI.

Godefroi de Billi, grand-prieur de St.-Denis, est d'abord abbé de St.-Vincent de Laon, puis évêque de la même ville, en 1601, meurt en 1612. Il est auteur de plusieurs ouvrages de piétié.

JACQUES LE BOSSU.

Jacques Le Bossu, moine de St.-Denis, mort en 1626.

JACQUES DOUBLET.

Jacques Doublet fut député au sacre de Louis XIII ; il eut place au coin de l'autel et servit les ornemens royaux pendant la cérémonie du sacre. Il est auteur des Antiquités de Paris, qu'il dédie, en 1625, au jeune abbé Henri, et d'une quantité d'autres ouvrages ; il écrivit relativement aux discussions relatives à saint Denis l'aréopagiste. Peu après avoir écrit une histoire chronologique en faveur de ce saint, et, en 1648, une vie de saint Etienne, premier martyr, il mourut, âgé de 90 ans. Il a vécu assez long-temps pour voir six règnes. Il est à remarquer que cet auteur a été oublié dans Moreri, dans tous ses supplémens et dans différens dictionnaires.

HUGUES MENARD.

Hugues Ménard prit l'habit bénédictin en 1608, dans l'abbaye de St.-Denis ; il fit profession le 10 septembre 1612. Désirant une plus haute perfection, il embrassa la réforme, en 1614, dans l'abbaye de St. Vanne, à Verdun ; de là, il passa dans la nouvelle congrégation de Saint-Maure. Il enseigna la rhétorique pendant plusieurs années, à Paris. Il publia plusieurs ouvrages qui lui ont mérité la réputation d'être un des plus savans hommes de son siècle. Par son zèle pour l'abbaye de Saint-Denis, il publia un écrit en faveur de l'aréopagiste saint

Denis, qui ne fut pas aussi bien accueilli que ses autres ouvrages. Il mourut le 20 janvier 1644.

Ces notices biographiques qu'on vient de lire prouvent, à n'en pas douter, ainsi que je l'ai dit ci-dessus, que c'est de l'abbaye de St.-Denis, et non du corps des habitans, que sont sortis les hommes illustres tant par leurs ouvrages que par le rang qu'ils ont occupé dans l'église. Pourtant la ville peut aussi se glorifier d'en avoir fourni quelques uns, comme :

DOMINIQUE SÉGUIER.

Dominique Séguier naquit à St.-Denis. Doyen de l'église de Paris, puis évêque d'Auxerre et ensuite de Meaux, il fut désigné par le roi Louis XIII, dont il fut le premier aumônier, pour régler les cérémonies de la réception du corps de la reine-mère Marie de Médicis, morte le 3 juillet 1642. Louis XIII étant tombé malade fit venir l'évêque de Meaux, le 14 mai même année, pour lui administrer les derniers sacremens. Le même jour, il fut redemandé par le roi, pour lui réciter les prières de l'agonie, et ce jour fut celui de la mort du roi, âgé de 42 ans, et dans la 33ᵉ année de son règne.

Dès le matin, il fut célébré une messe pour le repos des âmes des deux défunts, à laquelle assista l'évêque de Meaux. Louis XIII ayant légué une somme de 40,000 fr. pour la fondation d'une messe quotidienne et d'un service par semaine à perpétuité, pour être célébré le jour de sa mort, Dominique Séguier fut chargé par le cardinal Mazarin et le comte de Chavigny, exécuteurs testamentaires, de régler les termes de la fondation. L'évêque de Meaux approuva diverses acquisitions qui furent faites pour la sûreté de cette fondation, et en signa le contrat qui fut passé le 19 décembre 1643, et qui fut ratifié par le cardinal Mazarin et le comte de Chavigny, lors du contrat de fondation passé le 16 mai 1644.

JACQUES ROBBE.

Jacques Robbe, né à Soissons, en 1648, ingénieur et géographe, était maire à perpétuité à St.-Denis et avocat au parlement de Paris. Il mourut à Soissons, en 1721, âgé de 78 ans. Il est auteur de plusie ouvrages. C'était un homme d'un esprit cultivé et savant dans les langues. On a de lui la comédie de la *Rapinière* qu'il donna sous le nom de *Barque Bois*; il est plus connu par les ouvrages suivans : 1° *Méthode pour apprendre la Géographie*; 2° *Emblème sur la Paix*, présenté au roi, le 29 mars 1679.

THOMAS JOSEPH MOULT.

Thomas Joseph Moult, dit de Naples, a composé à St.-Denis, du temps de saint Louis, les *Prophéties perpétuelles*, qui ont été traduites en français et imprimées chez Prault père.

M. DEBRET, architecte.

Né à Paris, le 21 juin 1777, frère de J.-B. Debret, peintre d'histoire, François Debret, élève de MM. Percier et Fontaine, fut admis, en 1796, au concours du grand prix d'architecture, et couronné, l'année suivante, dans un concours public, ouvert par le gouvernement pour l'embellissement des Champs-Élysées. — En 1798, la conscription de l'an VII l'appela aux armes. — Il entra dans le corps d'artillerie qui résidait à Brest, où il fut employé par les ingénieurs des bâtimens civils. — Là, il construisit une petite salle de spectacle et une maison d'éducation. Pouvant se faire remplacer, toutefois après avoir exploré les édifices les plus remarquables du département du Finistère, et particulièrement les monumens gothiques, M. Debret revient dans ses foyers où il reprend avec succès le cours de ses études académiques.— En 1804, il conduit, sous les ordres de MM. Percier et Fontaine, une partie des travaux du sacre de l'empereur, tant à Notre-Dame qu'au Champ-de-Mars. — En 1806, il part avec M. Lebas pour l'Italie, où ces architectes recueillent les matériaux qu'ils publièrent sous le titre d'*OEuvres complètes de Barozzio de Vignole*.— A l'expédition du salon de 1808, il reçoit de l'empereur une médaille d'or, pour des dessins et projets de sa composition. — Nommé par le ministère de l'intérieur architecte de Notre-Dame, il y exécute plusieurs restaurations, et y commence une chapelle à saint Napoléon; mais les événemens de 1813 arrêtent ces travaux. — Donnant aux papiers de tenture une nouvelle et importante existence, par la pureté et le bon goût de ses dessins, il devint le créateur de cette industrie. — Le plus beau moment de sa vie est celui où Cellerier, appréciant ses talens comme artiste, lui proposa de se démettre, en sa faveur, de sa place d'architecte de l'abbaye de Saint-Denis. — A cette époque, le vaisseau de la basilique menaçait ruine (1). La restauration de cet édifice majestueux, les difficultés sans nombre qu'il a fallu vaincre, les immenses travaux qu'elles ont nécessités, suffisent pour assurer à M. Debret une célébrité bien méritée. Malgré l'importance de ces immenses travaux, M. Debret trouvait encore assez de loisir pour dresser des plans et se préparer à d'autres travaux. M. Courtin, administrateur de l'Opéra, ayant exprimé, devant lui, la crainte que,

---

(1) Voyez ci-devant le rétablissement de l'église de Saint-Denis, sous Napoléon, page 147 jusqu'à celle 168, Hist. de Saint-Denis.

tôt ou tard, l'autorité ne fit fermer ce théâtre, à cause de sa proximité de la Bibliothèque Royale, M. Debret garda le silence ; mais il se mit de suite à dresser ses plans qui étaient achevés lors de l'assassinat du duc de Berri. Ayant mis dans sa confidence M. Courtin, celui-ci l'invite à se présenter avec ses plans qui furent accueillis avec enthousiasme et, de suite, il fut nommé architecte de l'Académie Royale de Musique. Il apporta une activité sans exemple dans la construction qui lui était confiée, et malgré tous les obstacles sans nombre qu'il fallut surmonter, commencé le 14 août 1820, la première représentation y fut donné le 16 août 1821. En 1822, M. Debret restaura la salle des Variétés. C'est l'exécution de tous ces divers travaux qui mérita à cet architecte, en 1825, sa nomination à l'Institut et la décoration de la Légion-d'Honneur. M. Debret a prouvé, dans beaucoup de circonstances, qu'il était familiarisé avec les règles du beau et du vrai. Ses collègues ont pour ses talens et sa personne beaucoup d'estime.

M. MESNAGER, architecte.

Après avoir donné la biographie du premier architecte de l'abbaye de Saint-Denis, je me reprocherais d'oublier son adjoint, M. Mesnager (Marc), qui a si bien secondé et qui seconde encore M. Debret dans tous les travaux immenses qui ont été faits et qui restent à faire dans cette superbe basilique, tombeau de nos rois.

Né à Nemours, en 1787, M. Mesnager, comme M. Debret, est sorti de la célèbre école de Percier. — Il remplace si parfaitement et avec tant d'intelligence le premier, que celui-ci peut le regarder comme un second lui-même. Le talent et le zèle qu'il y apporta ont été reconnus et recompensés par la décoration de la Légion-d'Honneur qui lui a été décernée en 1835, et qu'il mérite sous tous les rapports. — M. Mesnager a été chargé de divers travaux importans dans la ville de Saint-Denis. En 1767, les bâtimens de l'Hôtel-Dieu furent augmentés sous la direction de Robert de Cotte, architecte. En 1825, ils furent achevés sous la conduite de M. Mesnager qui en est aujourd'hui l'architecte (1). La fontaine qui surmonte le puits artésien, qui y est construit, a été érigée sur ses dessins. Parmi les nombreux travaux qui sont exécutés dans Saint-Denis, sous sa direction, on remarque particulièrement, au Barrage, les bâtimens de la fabrique de toile peinte des frères Javal, à laquelle succède M......, les magasins à blé et usines de M. Hédoin, près l'Ermitage, et plusieurs maisons d'habitation remarquables.

M. CHARLES DEZOBRY.

Né à Saint-Denis, le 2 mars 1798, M. Dezobry consacra les loisirs de sa jeunesse à la composition d'un grand travail historique, sous le titre de *Rome au siècle d'Auguste*. Dès son apparition, cet important ouvrage fut accueilli avec une extrême faveur justement méritée. Tous les journaux, quelle que soit leur opinion, en ont rendu le compte le plus favorable. Cet ouvrage a coûté à son auteur seize années de travail. Si les bornes qui me sont prescrites me permettaient de transcrire quelques-uns des articles qui sont insérés dans les journaux, qui tous rivalisent d'éloges sur ce livre précieux, je les mettrais sous les yeux des lecteurs; mais je les engage à les lire dans les feuilles ci-après désignées, savoir :

Journal de l'Instruction publique, 31 mai 1835;

Quotidienne, 4 janvier 1836;

Moniteur, 22 juillet 1835;

(1) Voyez ci-dessus, pages 196 197, Hist. de Saint-Denis.

Revue de Paris, 19 juin 1836;
Journal des Débats, 19 octobre 1835;
Le Temps, 8 et 21 août 1835;
Le Constitutionnel, 29 octobre et 10 juillet 1836;
Le Courrier Français, 19 octobre 1835;
Journal de Paris, 5 octobre 1835 et 16 juillet 1836;
Le National, 5 novembre 1835.

M. Dezobry a été aussi un des principaux collaborateurs d'une autre publication importante, intitulée : *Cours complet d'Éducation domestique pour les Filles*, publié par L. Hachette, libraire de l'Université.

M. GAUDIN, DUC DE GAETE.

Né à Saint-Denis, en 1756, Gaudin (Martin-Michel-Charles), duc de Gaëte, grand'-croix de la Légion-d'Honneur, fit ses études au collège Louis-le-Grand. — Il se livra, dès sa plus tendre jeunesse, aux travaux financiers. Nommé chef de bureau de la direction générale des contributions, établies récemment par M. Necker, il s'y conduisit avec intégrité et avec talent. — Créé, en 1791, commissaire de la trésorerie nationale, il conserva cette place jusqu'en 1794, au milieu de la crise révolutionnaire, malgré ses offres réitérées de démission. Ses talens étaient trop appréciés du gouvernement d'alors pour qu'il lui permît de se retirer. — Peu après, les finances de l'état étant tombées dans une situation déplorable, le Directoire, entouré d'agens incapables, tourna ses vues vers M. Gaudin, et lui offrit le portefeuille des finances; mais celui-ci, persuadé qu'il ne pouvait faire aucun bien, refusa cette haute fonction. Il refusa également de reprendre la place de commissaire de la trésorerie nationale. Après le 18 brumaire, lorsqu'une main puissante imposa une existence stable à toutes les branches de l'administration, il crut pouvoir accepter le ministère des finances auquel il était appelé. On a pu, quoiqu'à tort, lui contester la hauteur de vues et les talens élevés qui caractérisent un bon ministre; mais personne ne lui a refusé une loyauté à toute épreuve, un grand désintéressement et des connaissances financières étendues; il mit le plus grand ordre dans tout le service de l'administration confiée à ses soins, rétablit, en moins de deux ans, le crédit totalement éteint lors de son arrivée au pouvoir, et parvint à payer en numéraire la dette publique, depuis long-temps acquittée en valeurs négociables totalement dépréciées. Il fit approuver par les grands pouvoirs de l'État un projet de cadastre général, dont il fit commencer l'exécution. — En 1814, M. Gaudin faisait encore partie du ministère. Il suivit, en cette qualité, l'impératrice Marie-Louise à Blois. Dès les premiers jours d'avril de la même année, il donna son adhésion personnelle à tous les actes du gouvernement provisoire. Pendant la première Restauration, M. Gaudin vécut dans la retraite et fut rappelé au ministère dans les Cent-Jours. A cette époque, il fit partie de la chambre des pairs. Membre de la chambre de 1815, il y vota constamment avec la minorité, et fut en butte à une attaque très-vive. Il fut accusé directement, ainsi que M. Mollien, par M. de Blosseville, d'avoir autorisé la spoliation faite à la caisse d'amortissement, le 16 mai 1815, de 3,600,000 fr. de rente. Cette affaire avait déjà été jugée, et la commission chargée d'en faire l'examen avait déchargé les accusés de toute responsabilité comme ayant obéi à une nécessité impérieuse. Néanmoins, M. Gaudin ne crut pas devoir garder le silence sous le poids d'une si vive attaque; il publia des *Éclaircissemens* qui démontraient son innocence. L'opération appartenait entièrement à Napoléon; les ministres n'y avaient pris aucune part; ils n'avaient signé aucune ordonnance; ainsi aucune responsabilité ne pouvait peser sur leur tête. Une ordonnance du Roi termina la discussion en déclarant qu'il n'y avait pas lieu à suivre, ni contre M. Gaudin, ni contre M. Mollien. Déjà le premier avait eu à subir, pendant la première Restauration, les délations de la malveillance pour sa longue et heureuse gestion; il y avait répondu dans une brochure intitulée: *Observations et Éclaircissemens sur le paragraphe concernant les finances, dans l'Exposé de la situation du royaume, présenté à la chambre des pairs et à celle des députés*, Paris, 1814, in-8°. — L'opinion publique a toujours été favorable à M. Gaudin. Il a été appelé, pendant les deux sessions qui suivirent le 5 septembre, à la chambre des députés, où il siégeait avec les amis modérés des principes libéraux. La faiblesse de sa voix l'a empêché d'aborder la tribune, même lorsque son administration a été attaquée; mais, dans cette occasion, il a fait lire à la tribune une refutation des critiques qui avaient été faites de son institution du cadastre. En 1809, M. Gaudin avait été nommé, par l'empereur, duc de Gaëte et grand-aigle de la Légion-d'Honneur. Le roi l'appela aux fonctions importantes de la Banque de France; mais il en fut destitué assez brutalement, sans avoir été averti, et sa place fut donnée à M. d'Argout.— Cet ancien ministre n'est point un homme de parti; il n'a pris aucune part aux troubles civils, et aujourd'hui, il est aimé et estimé par les hommes de bonne foi de toutes les nuances d'opinions. Outre la brochure de M. Gaudin dont il a été parlé ci-dessus, on a encore de lui : 1° *Notes concernant la première partie de l'Opinion d'un Créancier sur le Budget et sur les Observations et Réflexions dont il a été l'objet, adressés aux créanciers de l'État*, Paris, 1814, in-4°; — 2° *Observations sommaires sur le Budget présenté à la chambre des députés des départemens, dans la séance du 23 janvier 1814*, Paris, 1816, in-8°; — 3° *Notions élémentaires de Géographie astronomique, naturelle et chimique*, Paris, 1821, in-8°; — 4° *Mémoire sur le Cadastre et Détails statistiques sur le nombre et la division des taxes de la contribution foncière*, etc., etc., Paris, 1817, in-8°; — 5° *Mémoires* (ses), *Souvenirs, Opinions et Écrits*, Paris, 1826, 2 vol. in-4°; — 6° *Supplément à ses Mémoires*, Paris, 1834, 1 vol. in-8°, etc., etc.

TABLE

DE LA SECONDE PARTIE.

———

Avis de l'éditeur...	V
Opinions des journaux et de diverses sociétés savantes.......	VI
Rapport de la commission scientifique de la Société de Statistique universelle...................................	id.
Extrait du journal *Le Grand Livre des Auteurs*...........	id.
Extrait de la *Revue Européenne*........................	XII
Introduction...	XV
CHAPITRE Ier. — Saint-Denis..................................	1
Histoire ancienne de cette ville jusqu'en 1789............	id.
§ Ier. — Situation de cette ville.....................	id.
§ II. — Son origine.................................	3
§ III. — L'abbaye de Saint-Denis.....................	8
Art. 1er. — Son origine.........................	id.
1re Période de l'an 574 à 775.................................	9
Art. 2. — Suite de l'origine de l'abbaye.........	id.
Art. 3. — Comment cette basilique devient un monastère comblé de richesses.............	10
Art. 4. — Sa dédicace.........................	13
2e Période, de 775 à 1140.......................................	19
Art. 5. — Destruction et reconstruction de l'église de Saint-Denis, par Pepin; sa dédicace.	id.
Art 6. — Époque de l'entrée des religieux dans l'abbaye; les abbés commencent à se mêler de politique; désordres introduits dans le monastère................................	21
Ar. 7. — Démolition et reconstruction de l'église Saint-Denis par l'abbé Suger............	26
3e Période, de 1140 à 1793..................................	29
Art. 8. — Nouveaux dons faits à l'église de Saint-Denis par Philippe II...................	id.
Art. 9. — Reconstruction d'une grande partie de l'église Saint-Denis par Eudes Clément, sous le règne de Saint-Louis................	30

TABLE.

Art. 10. — Origine des sépultures royales dans l'abbaye de Saint-Denis.................. 38
§ V. — Continuation de l'histoire de la ville de Saint-Denis, à partir du 9ᵉ siècle................ 41
§ Id. — Description des églises, des couvents, monastères et des communautés religieuses qui existaient dans la ville de Saint-Denis............ 49
Art. 1ᵉʳ. — Saint-Denis de l'Étrée (c'est-à-dire du grand chemin)....................... id.
Art. 2. — Saint-Martin de l'Étrée.............. 52
Art. 3. — Saint-Marcel (bourg et église)........ 54
Art. 4. — Saint-Croix....................... 62
Art. 5. — Églises qui étaient renfermées dans ce qui composait le territoire de Saint-Denis, et qu'on appelait *Castrum sancti Dionisii* 64
Art. 6. — Saint-Pierre ; Discussions relatives à saint Denis l'aréopagiste, et saint Denis, évêque de Paris............................. id.
Saint Denis l'aréopagiste................. 65
Saint Denis de Paris..................... 67
Suite de la description de l'église de St-Pierre. 71
Art. 7. — Église collégiale de Saint-Paul........ 72
Art. 8. — Anciennes églises paroissiales de Saint-Denis............................... 74
Art. 9. — La Madeleine..................... 75
Art. 10. — Saint-Jean...................... id.
Art. 11. — Saint-Michel-du-Charnier........... 76
Art. 12. — Sainte-Geneviève ; Saint-Michel-du-Gré ; Saint-Barthélemy................. 77
Art. 13. — Saint-Remi...................... 78
Art. 14. — Chapelles et communautés religieuses qui existaient dans Saint-Denis.......... id.
Art. 15. — Saint-Quentin..................... 79
Art. 16. — Chapelle Saint-Nicolas.............. 81
Art. 17. — Communautés religieuses............ id.
Art. 18. — Les Cordeliers.................... 82
Art. 19. — Les Récollets..................... id.
Art. 20. — Les Carmélites, maintenant paroisse unique de Saint-Denis................. 83
Art. 21. — Les Ursulines..................... 86
Art. 22. — Les Annonciades bleues............. 88
Art. 23. — Les religieuses de la Visitation........ 90
§ VI. — Description du Trésor.................. id.

TABLE.

CHAPITRE II. — Histoire moderne de Saint-Denis 105
   Première Section................................ id.
     § Ier. — Coup-d'œil général sur la violation des tombeaux et sur le pillage du Trésor............ id.
      Enlèvement du Trésor....................... 108
     § II. — Situation des monumens et tombeaux qui existaient dans l'abbaye de Saint-Denis, détruits les 6, 7 et 8 août 1793...................... 110
     § III. — Extraction des corps des rois, reines, princes et princesses, etc., etc., enterrés dans l'église de l'abbaye de Saint-Denis....................... 116
     § V. — Châsses détruites; particularités extraordinaires survenues lors de l'exhumation de trois cercueils d'argent renfermant les reliques de saint Denis et de ses compagnons, des ossemens de sainte Geneviève, des corps de Henri IV, de Louis XIV, et de Marie-Louise de Bourbon, supérieure des carmélites........................ 139
      Art. 1er. — Trois cercueils d'argent renfermant les reliques de saint Denis et de ses compagnons............................. id.
      Art. 2. — Châsses de sainte Geneviè............ 140
      Art. 3. — Exhumation de Henri IV............. 141
      Art. 4. — Exhumation de Louis XIV............ 143
      Art. 5. — Exhumation de madame Marie-Louise de France, supérieure des carmélites..... 144
   4e Période. Continuation de l'histoire moderne de l'église et de la ville de Saint-Denis..................... 147
   Deuxième Section................................. id.
     § Ier. — Rétablissement de l'église de Saint-Denis sous le consulat de Bonaparte..................... id.
     § Id. — Nouvel ordre des tombeaux et monumens dans l'intérieur de l'église.................. 152
      Art. 1er. — Tombeau de Dagobert............ id.
      Art. 2. — Tombeau de Nanthilde.............. 155
      Art. 3. — Tombeau de François Ier............ 156
      Art. 4. — Tombeau de Louis XII.............. 157
      Art. 5. — Tombeau de Henri II, dit de Valois..... 159
     § III. — Objets dignes d'admiration contenus dans l'église de Saint-Denis, depuis sa restauration.. 160
      Art. 1er. — Sa nouvelle restauration............ id.
      Art. 2. — Nouvelles chapelles................ 161
      Art. 3. — Le chœur d'hiver.................. 163

Art. 4. — Colonnes expiatoires.................. 164
Art. 5. — La sacristie; tableaux dont elle est décorée............................... *id.*
§ IV. — Caveaux et église souterraine 166
Art. 1ᵉʳ. — Coup-d'œil général sur les caveaux des rois de France.................. *id.*
Art. 2. — Caveaux des Bourbons............... *id.*
§ V. — Exhumation des ossemens de Louis XVI et de Marie-Antoinette, et leur inhumation dans le caveau des Bourbons....................... 168
§ VI. — Fouilles des fosses où étaient déposés les ossemens des rois; leur restitution à l'église de Saint-Denis............................ 171
§ VII. — Assassinat du duc de Berri; ses funérailles.. 173
§ VIII. — Funérailles de Louis XVIII; avénement de Charles X au trône...................... 175
§ *Id.* — Description des tombeaux, cénotaphes et autres monumens, tels qu'on les voit maintenant dans la crypte de l'église de Saint-Denis. 179
Troisième Section................................. 191
§ Iᵉʳ. — Établissemens importans................... *id.*
Art. 1ᵉʳ. — Maison royale de Saint-Denis........ *id.*
§ II. — L'Hôtel-de-Dieu........................... 195
§ III. — Prison.................................... 197
§ IV. — Maison de détention ou de répression....... 199
§ V. — Cimetière public........................... *id.*
§ VI. — La grande caserne et la petite.............. 200
§ VII. — Bibliothèque publique..................... *id.*
§ VIII. — Salle de spectacle....................... 201
§ IX. — Assainissement de la ville de Saint-Denis.... *id.*
§ X. — Puits arthésiens ou puits forés............. 209
Art. 1ᵉʳ. — Leur origine et leur importance...... *id.*
Art. 2. — Phénomène remarquable pouvant servir d'observation sur la théorie des sources jaillissantes........................... 211
Art. 3 (ce numéro oublié). — Puits arthésiens dans le roc à la Chine; procédés employés à cet effet................................. 212
Art. 4. — Moyens divers pour perforer la terre. 214
Art. 5. — Puits de feu......................... 215
Art. 6. — Puits arthésiens à Saint-Denis........ *id.*
§ XI. — État civil de Saint-Denis................... 217
Tableau statistique des sous-préfets, maires, ad-

joints, juges de paix, greffiers et suppléans de la ville de Saint-Denis, qui se sont succédés depuis leur création en l'an VIII............	218
État civil actuel.................................	220
§ XII. — Effectif de la garde nationale............	id.
§ XIII. — Industrie commerciale ancienne et moderne	221
Art. 1er. — Ancienne industrie commerciale.....	id.
Description historique de tous les établissemens les plus remarquables relatifs au commerce et à l'industrie tant anciens que modernes, qui ont existé et existent maintenant dans cette ville................	id.
Art. 2. — Industrie commerciale...............	224
§ XIII bis. — Événement récent causé par la foudre à la flèche pyramidale de la basilique.........	226
§ XIV. — Étendue du territoire; ses productions.....	228
§ XV. — Population ancienne et moderne.........	id.
Tableau statistique contenant le dénombrement de la nouvelle population, des naissances, mariages et décès, pendant les années 1830, 1831, 1832, 1833, 1834, 1835.................	230
Renseignemens tardifs sur la ville de Saint-Denis.........	231
Notice sur tout ce qui s'y est passé au mois de mars 1814..	id.
CHAPITRE III. — L'île Saint-Denis.......................	234
Art. 1er. — Son origine.......................	id.
Art. 2. — De l'église..........................	237
Art. 3. — Démolition et reconstruction de l'église de l'île Saint-Denis....................	238
Art. 4. — Population........................	240
Art. 5. — État civil.........................	id.
Notices biographiques des hommes illustres morts ou vivans de la ville de Saint-Denis........................	241
SIGEBERT..	id.
SAINT GÉRARD......................................	id.
DUNGAL...	242
HILDUIN...	id.
SUGER...	243
ODON DE DEUIL.....................................	245
GUILLAUME	id.
RIGORD..	id.
GUILLAUME DE NANGIS..............................	246
GILLES DE PONTOISE................................	id.
GUI DE CHARTRES..................................	id.

Philippe de Villette... *id.*
Benoit Gentien... 247
Jean Chartier.. *id.*
Jean de Villiers.. *id.*
Crespin de Brichanteau... 248
Jean Doc... *id.*
Jean de Verdun.. 249
Henri Godefroy... *id.*
Valentin Douglas... *id.*
Godefroi de Billi... *id.*
Jacques le Bossu... 250
Jacques Doublet.. *id.*
Hughes Ménard... *id.*
Dominique Séguier... 251
Jacques Robbe.. 252
Thomas Joseph Moult.. *id.*
M. Debret, architecte... *id.*
M. Mesnager, architecte.. 254
M. Charles Dezobry.. 255
M. Gaudin, duc de Gaete....................................... 257

www.ingramcontent.com/pod-product-compliance
Lightning Source LLC
Chambersburg PA
CBHW071420150426
43191CB00008B/987